电子商务物流与供应链管理研究

周 群 耿 星 谭冬梅 著

东北林业大学出版社
Northeast Forestry University Press
·哈尔滨·

版权专有　侵权必究

举报电话:0451-82113295

图书在版编目（CIP）数据

电子商务物流与供应链管理研究/周群,耿星,谭冬梅著.--哈尔滨:东北林业大学出版社,2024.5

ISBN 978-7-5674-3582-7

Ⅰ.①电... Ⅱ.①周... ②耿... ③谭... Ⅲ.①电子商务-物流管理-研究②电子商务-供应链管理-研究 Ⅳ.①F713.36②F252.1

中国国家版本馆CIP数据核字(2024)第110495号

责任编辑：	姚大彬
封面设计：	郭　婷
出版发行：	东北林业大学出版社
	（哈尔滨市香坊区哈平六道街6号　邮编：150040）
印　　装：	北京四海锦诚印刷技术有限公司
开　　本：	787 mm×1092 mm　1/16
印　　张：	10
字　　数：	234千字
版　　次：	2025年1月第1版
印　　次：	2025年1月第1次印刷
书　　号：	ISBN 978-7-5674-3582-7
定　　价：	48.00元

如发现印装质量问题，请与出版社联系调换。（电话：0451-82113296　82191620）

前　言

　　电子商务的迅速发展改变了传统的商业模式，同时也对物流与供应链管理提出了新的挑战和机遇。在电子商务环境下，物流与供应链管理的研究变得尤为重要。消费者期望能够享受到更快速、更便捷的配送服务，因此，物流企业需要通过技术创新和流程优化来提高配送效率，缩短交付时间，满足消费者的需求。同时，供应链管理也需要更加灵活和高效，以适应电子商务中订单量的波动和变化。

　　跨境电商所涉及的国际物流、海关清关等环节需要面对不同国家的法律法规、货物检验检疫等问题，因此，物流企业和供应链管理者需要研究跨境物流的新模式和新技术，以应对复杂的国际贸易环境，提高跨境物流的效率和安全性。电子商务平台的发展也推动了物流与供应链管理的智能化和信息化。通过物联网、大数据、人工智能等技术的应用，物流企业和供应链管理者可以实现对货物、车辆等物流要素的实时监控和管理，优化仓储、运输等环节的安排和调度，提高资源利用效率，降低成本，提升服务水平。

　　随着信息技术的飞速发展和互联网的普及，电子商务已经成为全球商业领域中的一股不可忽视的力量。电子商务不仅改变了消费者的购物习惯，也对供应链和物流管理产生了深远的影响。电子商务物流与供应链管理的研究，成为了应对这一新兴趋势和挑战的关键领域之一。本书旨在探讨电子商务物流与供应链管理的各个方面，深入研究了其概念、关键技术、策略与方法、国际化、可持续发展、成本管理、创新、风险管理、未来趋势等诸多关键主题。我们将从理论到实践，从国内到国际，从策略到操作层面，为读者提供全面的视角，以帮助他们更好地理解和应对电子商务物流与供应链管理的挑战与机会。

　　作者在写作本书的过程中，借鉴了许多前辈的研究成果，在此表示衷心的感谢。由于本书需要探究的层面比较深，作者对一些相关问题的研究不透彻，加之写作时间仓促，书中难免存在一定的不妥和疏漏之处，恳请前辈、同行以及广大读者斧正。

目 录

第一章 电子商务物流与供应链管理的基本概念……………………………………（1）
    第一节 电子商务物流的定义与特点……………………………………………（1）
    第二节 供应链管理的核心概念…………………………………………………（5）
    第三节 电子商务物流与供应链的关系…………………………………………（9）
    第四节 国际电子商务物流与供应链管理发展趋势……………………………（12）

第二章 电子商务物流的关键技术与工具……………………………………………（17）
    第一节 电子商务物流的信息技术应用…………………………………………（17）
    第二节 数据分析与预测在电子商务物流中的应用……………………………（22）
    第三节 物联网技术与电子商务物流的融合……………………………………（28）
    第四节 人工智能与机器学习在电子商务物流中的应用………………………（32）

第三章 电子商务供应链管理的策略与方法…………………………………………（37）
    第一节 电子商务供应链管理的战略选择………………………………………（37）
    第二节 供应链优化与协同管理…………………………………………………（42）
    第三节 风险管理与供应链可持续性……………………………………………（46）
    第四节 电子商务供应链管理成功案例研究……………………………………（51）

第四章 电子商务物流的全球化与国际化……………………………………………（56）
    第一节 跨境电子商务物流的挑战与机遇………………………………………（56）
    第二节 国际供应链管理的复杂性………………………………………………（61）
    第三节 电子商务物流的国际市场扩张策略……………………………………（66）
    第四节 跨国公司的国际电子商务物流战略……………………………………（69）

第五章 电子商务物流中的可持续发展与环保………………………………………（73）
    第一节 可持续物流与绿色供应链管理…………………………………………（73）
    第二节 碳足迹计算与减排策略…………………………………………………（78）
    第三节 电子商务物流中的包装与再循环………………………………………（82）
    第四节 社会责任与电子商务物流的可持续实践………………………………（87）

第六章 电子商务物流的效率与成本管理……………………………………………（94）
    第一节 电子商务物流的成本结构分析…………………………………………（94）

第二节　物流效率的提升与优化……………………………………………（100）
  第三节　供应链成本控制与降低策略…………………………………………（104）
第七章　电子商务物流的创新与竞争优势……………………………………（110）
  第一节　创新在电子商务物流中的角色………………………………………（110）
  第二节　电子商务物流的竞争策略……………………………………………（115）
  第三节　电子商务物流创新的成功案例………………………………………（120）
第八章　电子商务物流中的风险管理与安全…………………………………（126）
  第一节　电子商务物流中的风险与挑战………………………………………（126）
  第二节　安全管理与风险防范策略……………………………………………（133）
  第三节　数据安全与隐私保护…………………………………………………（138）
  第四节　应对供应链风险的最佳实践…………………………………………（145）
参考文献……………………………………………………………………………（151）

第一章 电子商务物流与供应链管理的基本概念

第一节 电子商务物流的定义与特点

一、电子商务物流的定义

（一）电子商务物流的概念

1. 电子商务物流的含义

电子商务物流是指利用互联网和数字技术来管理和执行商品运输、仓储和配送等物流活动的过程。它涵盖了从客户下单到商品最终交付给客户的整个流程。电子商务物流的重要性在于它不仅仅是产品从生产到消费的过程，更是企业与客户之间联系的纽带。在这一过程中，各种物流活动通过信息技术的支持进行管理和协调，以实现高效、准确和及时的商品交付。

电子商务物流的核心在于其追求高效率和低成本。通过有效地利用信息技术和数字化工具，企业可以实现对物流活动的实时监控和管理，从而提高物流效率并降低物流成本。通过实施智能化仓储系统和物流路线优化算法，企业可以减少人力和时间成本，提高订单处理速度和配送效率。电子商务物流还可以通过合理规划物流网络和优化供应链管理来降低运输和库存成本，从而提高企业的竞争力。

电子商务物流也在不断地创新和发展。随着物联网、大数据和人工智能等技术的不断成熟和应用，电子商务物流正朝着智能化、自动化和个性化的方向发展。无人机和无人车等新型配送工具正在逐渐应用于物流配送领域，以提高配送效率和灵活性。

电子商务物流也面临着一些挑战和障碍。信息安全和数据隐私问题是电子商务物流面临的重要挑战之一。由于物流活动涉及大量的客户和企业信息，一旦发生数据泄露或信息被篡改，将对企业和客户造成严重的损失和影响。物流配送的最后一公里问题也是电子商务物流的一个难题，尤其是在城市密集区域和交通拥堵的情况下，如何快速且安全地将商品送达客户手中是一个亟待解决的问题。

电子商务物流作为现代商业活动的重要组成部分，对于企业的运营和发展至关重要。

通过有效地利用信息技术和数字化工具，企业可以实现物流活动的高效管理和协调，从而提高竞争力和客户满意度。电子商务物流也面临着一些挑战和障碍，需要企业和政府共同努力，以推动电子商务物流的持续发展和进步。

2. 电子商务研究的重要性

电子商务是当今商业领域的重要组成部分，它涵盖了众多方面，其中电子商务物流是其不可或缺的组成部分之一。电子商务物流在整个电子商务生态系统中扮演着至关重要的角色，它负责着商品的运输、仓储、配送等环节，直接影响着电子商务的效率和顾客体验。

电子商务物流是电子商务成功运营的基石之一。通过高效的物流系统，电子商务企业能够快速响应顾客订单，并在最短的时间内将商品送达客户手中。这种快速、准时的配送服务是电子商务企业赢得客户信任和忠诚的关键。良好的物流系统也能够降低运营成本，提高企业的竞争力。

电子商务物流是保障商品品质的重要保障。在传统的实体商店购物中，顾客可以直接查看、触摸商品，但在电子商务中，顾客只能通过图片和描述来了解商品。因此，顾客对商品的期望更高，而物流环节的精准和可靠性对保障商品品质至关重要。良好的物流系统能够确保商品在运输过程中不受损坏，并且能够及时处理潜在的问题，提高顾客满意度。

电子商务物流也是促进全球化贸易的重要推动力量。随着全球化的深入发展，电子商务打破了地域限制，使得消费者可以从世界各地购买商品。跨境物流的复杂性和不确定性也给电子商务企业带来了挑战。因此，构建高效的跨境物流系统对于电子商务企业来说至关重要，它能够降低物流成本，缩短交货周期，拓展国际市场，实现全球化经营。

电子商务物流也是可持续发展的重要组成部分。随着全球环境问题的日益严重，企业和消费者对于物流环节的环保性和可持续性要求越来越高。因此，电子商务企业需要采取一系列措施来减少运输过程中的碳排放，例如优化配送路线、采用环保包装材料、推广绿色物流方式等。通过实现绿色物流，电子商务企业不仅能够降低环境影响，还能够提升企业形象，获得更多消费者的认可。

电子商务物流在电子商务生态系统中扮演着至关重要的角色，它不仅影响着企业的运营效率和顾客体验，还是推动全球化贸易和促进可持续发展的重要力量。因此，电子商务企业应该重视物流环节，不断优化物流系统，提升物流服务水平，以满足不断增长的市场需求。

（二）电子商务物流的研究范围

1. 采购与供应链管理

在当今数字化时代，采购与供应链管理已经成为电子商务物流中至关重要的一环。随着互联网的发展，电子商务已经成为企业获取和销售产品的主要渠道之一。在这一背景下，采购与供应链管理在电子商务物流中的作用愈发凸显。

采购是指企业获取产品或服务的过程，它直接影响到企业的成本和效益。在电子商务中，采购过程通常涉及到在线平台的选择、供应商的挑选以及合同的签订等环节。通过电子商务平台，企业可以更加便捷地与全球范围内的供应商进行沟通和合作，实现产品的多样化和全球化采购，从而降低采购成本并提高采购效率。

供应链管理是指企业协调和优化从原材料采购到最终产品交付的整个流程，其目的是确保产品以最高的效率和质量被送达到顾客手中。在电子商务物流中，供应链管理变得更加复杂和关键。由于电子商务的特性，订单数量巨大、订单周期短、订单规模不确定等问题使得供应链面临更大的挑战。因此，有效的供应链管理成为了电子商务企业必须要面对和解决的核心问题之一。

电子商务物流的核心在于整合各个环节，使得产品能够以最快的速度、最低的成本被送达到顾客手中。在这一过程中，采购与供应链管理扮演着至关重要的角色。通过合理的采购策略和供应链管理措施，企业可以降低库存成本、减少库存积压、提高订单处理效率，从而提升企业的竞争力和盈利能力。

总而言之，采购与供应链管理在电子商务物流中起着举足轻重的作用。只有通过有效的采购和供应链管理，企业才能够在激烈的市场竞争中立于不败之地，实现长期的可持续发展。

2. 仓储管理

电子商务的兴起催生了仓储管理领域的革新。在这个数字化时代，物流已不再是简单的货物运输，而是一个复杂而严密的系统，需要高效的仓储管理来支持。电子商务物流的兴起对仓储管理提出了更高的要求，它需要更快速、更精准地处理订单，并保证货物的及时交付。因此，现代的仓储管理系统不仅仅是简单的存储和分配货物，更是一种整合了信息技术和物流管理的复杂系统。

仓储管理在电子商务中扮演着至关重要的角色。它需要与供应链管理密切配合，以确保产品的流通畅通无阻。通过实时监控库存情况和订单状态，仓储管理系统可以及时调整货物的存储和分配，从而最大程度地提高效率。电子商务的特点是订单量大、波动性大，因此仓储管理系统需要具备良好的灵活性和可扩展性，以应对不断变化的市场需求。

仓储管理在电子商务物流中的另一个重要方面是配送效率。随着消费者对快速交付的需求不断增加，仓储管理系统需要能够快速处理订单，并优化配送路线，以最短的时间内将货物送达客户手中。仓储管理还需要考虑到不同地区的特殊情况，如交通、气候等因素，以确保配送过程的顺利进行。

在电子商务物流中，仓储管理系统也需要具备良好的信息化能力。通过信息化技术，仓储管理可以实现对库存、订单等数据的实时监控和分析，从而及时发现问题并进行调整。信息化还可以实现与其他系统的无缝对接，如与订单管理系统、运输管理系统等，以实现整个物流过程的自动化和智能化。

电子商务物流对仓储管理提出了更高的要求，需要仓储管理系统具备高效、灵活、信息化等特点。只有通过不断创新和优化，仓储管理系统才能更好地支持电子商务的发展，提高物流效率，满足消费者的需求。

二、电子商务物流的特点

（一）信息化程度高与灵活性强

电子商务物流具有两个显著的特点，即灵活性强和信息化程度高。

电子商务物流的灵活性体现在其适应多样化和快速变化的市场需求能力。由于电子商务市场的动态性，企业需要灵活调整物流策略和流程，以满足不断变化的客户需求。当某一产品需求突然增加时，企业可以通过灵活调配物流资源和加强仓储管理，以快速响应并满足客户需求。电子商务物流还能够实现灵活的配送方式，如提供不同的配送选项和时间窗口，以满足客户对配送速度和时间的不同需求。

电子商务物流的信息化程度高，体现在物流活动的数字化和信息化程度较高。通过互联网和信息技术的支持，企业可以实现对物流活动的实时监控和管理，从而提高物流效率和准确性。电子商务物流还可以通过大数据分析和预测算法，实现对市场需求和客户行为的深入理解，从而优化物流规划和库存管理，提高企业的竞争力。

电子商务物流的特点主要体现在其灵活性强和信息化程度高两个方面。通过灵活调整物流策略和流程，企业能够快速适应市场变化，满足客户需求。这些特点使得电子商务物流能够更好地适应当前快速发展和变化的商业环境，为企业提供更加灵活和高效的物流解决方案。

（二）数据驱动的优化

数据驱动的优化是当今高度信息化电子商务物流的一个显著特点。信息化程度高的电子商务物流具有多方面的特点，这些特点直接关系到其在市场竞争中的地位和竞争优势。

高度信息化的电子商务物流具有高效性和灵活性。通过实时监控和分析物流数据，企业能够迅速调整物流方案，提高运输效率和配送速度。信息化的物流系统还能够灵活应对市场需求的变化，通过智能算法和预测模型进行动态调整，保证物流供应链的稳定性和可靠性。

高度信息化的电子商务物流具有透明度和可追溯性。通过物流数据的记录和分析，企业和消费者可以清晰了解货物的运输轨迹和状态，实现货物的实时跟踪和监控。这种透明度和可追溯性不仅能够提高消费者对物流服务的信任度，还能够帮助企业及时发现和解决潜在的问题，提升客户满意度。

高度信息化的电子商务物流还具有个性化和定制化的特点。通过大数据分析和人工智能技术，企业能够根据顾客的需求和偏好，个性化地定制物流方案，提供定制化的配送服务。这种个性化和定制化不仅能够满足顾客多样化的需求，还能够提升顾客的购物体验，增强顾客的忠诚度。

高度信息化的电子商务物流还具有智能化和自动化的特点。通过物联网技术和自动化设备，企业能够实现物流环节的智能化管理和自动化操作，提高物流效率和准确性。智能仓储系统能够自动化地完成货物的分拣和存储，智能配送车辆能够实现自动导航和路径规划，大大提高了物流操作的效率和精度。

高度信息化的电子商务物流具有高效性、透明度、个性化和智能化等特点，这些特点直接关系到企业的市场竞争力和客户满意度。因此，企业应该充分利用物流数据，不断优化物流系统，提升物流服务水平，以适应快速变化的市场环境，赢得更多的市场份额和客户信任。

第二节 供应链管理的概述与核心概念

一、供应链管理概述

（一）供应链管理的定义

1. 供应链管理的概念

供应链管理是指协调和整合各个环节的活动，从原材料采购到最终产品交付给客户，以实现高效率和低成本的流程。它涵盖了供应商、制造商、分销商和零售商等各个环节的管理，旨在最大程度地满足客户需求并提高企业的竞争力。供应链管理强调的是整个供应链的优化和协作，而不是单一环节的优化。

在电子商务中，供应链管理变得更加复杂和关键。电子商务供应链管理不仅需要考虑传统物流和库存管理等问题，还需要应对在线销售、跨境贸易和最后一公里配送等新挑战。因此，电子商务供应链管理更加强调信息化和网络化的管理模式，以应对快速变化的市场需求和客户行为。

电子商务供应链管理强调信息技术的应用。企业可以利用物流管理系统和订单处理系统实时跟踪订单状态和货物位置，以确保货物能够及时送达客户手中。大数据分析和预测算法也可以帮助企业更准确地预测市场需求和客户行为，从而优化物流规划和库存管理，降低库存成本并提高库存周转率。

电子商务供应链管理强调网络化的合作模式。随着电子商务的发展，企业不再是孤立运营的，而是需要与供应商、合作伙伴和第三方物流服务商等各方进行紧密合作，共同优化供应链。企业可以与供应商建立长期稳定的合作关系，以确保原材料的及时供应和质量稳定。企业还可以与第三方物流服务商合作，共同开发物流解决方案，以提高配送效率和服务水平。

电子商务供应链管理强调信息化和网络化的管理模式，以应对快速变化的市场需求和客户行为。通过有效地利用信息技术和网络合作，企业可以实现对供应链各个环节的优化和协调，提高物流效率和准确性，从而增强企业的竞争力和市场地位。

2. 供应链管理的重要性

供应链管理是现代企业运营中至关重要的一环，尤其在电子商务领域更是如此。供应链管理涉及了从原材料采购到最终产品交付的整个流程，其良好运作对于企业的成功至关重要。

电子商务的供应链管理与传统实体商业相比有着诸多不同之处。电子商务的供应链更加复杂，因为它涉及到更广泛的地理范围和更多的参与方。电子商务的供应链更加敏捷灵活，需要快速响应市场需求和变化。由于电子商务的特性，供应链管理需要更强调信息化和数字化，以实现高效协同和资源优化。

在电子商务中，供应链管理的重要性体现在多个方面。良好的供应链管理能够帮助企业实现高效的生产和库存管理，减少了因过度库存或库存不足而导致的成本浪费。供应链管理可以帮助企业实现及时交付，提高顾客满意度，增强竞争力。通过优化供应链管理，企业还能够降低成本，提高利润率。

在电子商务供应链管理中，信息化程度的高低直接影响着供应链的效率和灵活性。高度信息化的供应链管理系统能够实现实时数据共享和快速决策，提高了对市场变化的响应速度。信息化程度高的供应链管理系统还能够帮助企业实现全流程的可视化和追溯，有助于发现和解决潜在问题。

供应链管理在电子商务中的重要性不言而喻。电子商务企业应该重视供应链管理，不断优化供应链管理系统，提高信息化程度，以应对日益激烈的市场竞争，实现长期可持续发展。

（二）电子商务供应链管理的目标

1. 实现资源的有效利用

在电子商务中，供应链管理是实现资源的有效利用的关键。电子商务供应链管理涉及从产品设计、采购、生产到最终产品交付的全过程。通过合理规划和协调各个环节，企业能够最大程度地利用资源，提高效率和降低成本。

电子商务供应链管理需要充分利用信息技术。通过信息技术，企业能够实现供应链各个环节的信息共享和实时监控，从而更加灵活地应对市场变化。企业可以利用数据分析技术对市场需求进行预测，调整生产和库存策略，减少库存积压和废品损失，提高资源利用效率。

供应链管理需要建立稳定可靠的供应商关系。与稳定的供应商合作有助于降低采购成本和提高产品质量，同时也有利于企业获取更多的资源支持和技术创新。通过建立长期合作关系，企业能够更好地与供应商合作，共同应对市场挑战，实现资源的共享和优化利用。

电子商务供应链管理还需要注重物流和仓储管理。有效的物流和仓储管理能够确保产品能够及时、准确地送达给顾客，降低运输成本和提高交付速度。通过优化物流网络和仓储布局，企业可以降低运输距离和成本，提高物流效率，实现资源的最大化利用。

电子商务供应链管理需要注重持续改进和创新。随着市场竞争的日益激烈和技术的不断发展，企业需要不断地改进和创新供应链管理模式，以适应市场变化并提高竞争力。通过持续改进和创新，企业能够不断提高资源利用效率，降低成本，实现可持续发展。

电子商务供应链管理是实现资源有效利用的关键。通过充分利用信息技术、建立稳定可靠的供应商关系、注重物流和仓储管理以及持续改进和创新，企业能够最大程度地利用资源，提高效率和降低成本，实现长期可持续发展。

2. 提高供应链的反应速度和灵活性

电子商务供应链管理是一项复杂而关键的任务，其核心在于提高供应链的反应速度和灵活性。这意味着需要在面对不断变化的市场需求和消费者偏好时，能够迅速做出反应，并灵活地调整供应链的各个环节。

要提高供应链的反应速度，需要建立高效的信息传递和沟通机制。这意味着供应链各个环节之间需要实现实时数据共享和交流，以便及时了解市场变化和客户需求。只有在信息传递迅速的情况下，供应链才能够做出快速的决策，并及时调整生产计划和物流配送方案。

为了提高供应链的灵活性，需要建立多样化的供应网络和物流通道。这意味着不仅需要与多个供应商建立稳定的合作关系，还需要灵活调整供应商和物流服务商的选择，以适应市场的变化和需求的波动。可以考虑建立多个仓库和物流中心，以便更好地响应不同地区的订单和配送需求。

技术的应用也是提高供应链反应速度和灵活性的关键因素之一。通过人工智能和大数据分析技术，可以实现对市场趋势和消费者行为的实时监测和预测，从而及时调整生产计划和库存管理。物联网技术也可以实现对物流环节的实时监控和管理，以确保货物能够按时送达客户手中。

供应链的反应速度和灵活性还取决于组织结构和管理模式。传统的集中式管理模式往往会导致决策速度慢，难以适应市场的变化。因此，可以考虑采用分散式管理模式，将决策权下放到各个供应链环节，使得决策更加灵活和迅速。

二、供应链管理的核心概念

（一）物流管理

物流管理是指有效地组织和管理物流活动，从原材料采购到最终产品交付给客户的整个过程。它涵盖了物流规划、运输、仓储、库存管理和配送等各个环节，旨在实现物流活动的高效率和低成本。物流管理的核心概念包括供应链协调、库存优化、运输规划和信息技术支持。

供应链协调是物流管理的核心概念之一。在电子商务环境下，供应链协调尤为重要，因为涉及到多个环节的协同合作。企业需要与供应商、制造商、物流服务商和零售商等各方紧密合作，共同优化供应链，以满足客户需求并提高企业的竞争力。库存优化是物流管理的另一个核心概念。在电子商务中，库存管理尤为重要，因为客户的需求往往具有不确定性和季节性。企业需要通过合理的库存规划和管理，平衡库存水平和订单需求，以确保能够及时满足客户需求并降低库存成本。库存优化涉及到库存水平的控制、订单周期的管理和供应链风险的评估，旨在实现库存的最佳化和资源的最大化利用。

再次，运输规划是物流管理的重要组成部分。在电子商务环境下，运输规划尤为复杂，因为涉及到不同地区和不同配送方式的配送需求。企业需要通过合理的运输规划和路线优化，提高配送效率和降低配送成本。运输规划涉及到运输方式的选择、路线的规划和运输成本的评估，旨在实现物流配送的最优化和客户满意度的提高。

信息技术支持是物流管理的重要手段。在电子商务环境下，信息技术发挥着关键作用，可以实现对物流活动的实时监控和管理。企业可以利用物流管理系统、订单处理系统和大数据分析工具等信息技术，实现对供应链各个环节的实时跟踪和数据分析，以支持决策和优化物流流程。信息技术支持使得物流管理更加高效和准确，有助于提高物流效率和客户满意度。

物流管理是电子商务供应链管理的核心概念，涵盖了供应链协调、库存优化、运输规划和信息技术支持等方面。通过有效地组织和管理物流活动，企业可以实现物流流程的高效率和低成本，提高竞争力和市场地位。

(二) 生产计划与控制

1. 按时按量完成

电子商务供应链管理是指在电子商务运营中，对涉及到产品、信息、资金等方面的各个环节进行规划、协调和控制的一系列活动。其核心概念包括物流管理、库存管理、采购管理、信息管理以及供应链可视化。

物流管理是电子商务供应链管理的核心之一，它涉及到产品的运输、仓储和配送等环节。良好的物流管理能够保证产品按时按量地送达客户手中，提高顾客满意度和忠诚度。

库存管理是电子商务供应链管理中不可忽视的重要环节。通过合理的库存管理，企业能够降低库存成本，减少因过度库存或库存不足而带来的损失。库存管理也需要与销售预测相结合，以确保库存能够满足市场需求。

采购管理是电子商务供应链管理中的关键环节之一。良好的采购管理能够保证企业获得高质量的原材料和产品，同时也能够降低采购成本，提高企业的竞争力。

信息管理在电子商务供应链管理中扮演着至关重要的角色。高效的信息管理系统能够实现实时数据共享和快速决策，有助于提高供应链的灵活性和响应速度。

供应链可视化是电子商务供应链管理的新趋势之一。通过可视化技术，企业能够实时监控整个供应链的运作情况，及时发现和解决潜在问题，提高供应链的效率和透明度。

物流管理、库存管理、采购管理、信息管理以及供应链可视化是电子商务供应链管理的核心概念。电子商务企业应该重视这些核心概念，不断优化供应链管理系统，以提高企业的竞争力和市场地位。

2. 合理安排生产计划和监控生产进度

电子商务供应链管理的核心概念之一是合理安排生产计划和监控生产进度。这一概念的重要性在于它直接关系到了产品的及时生产和交付，以及资源的有效利用。

合理安排生产计划至关重要。通过对市场需求的分析和预测，企业能够制定出合理的生产计划，以满足顾客需求的同时最大程度地降低生产成本。合理的生产计划应考虑到生产能力、原材料供应情况、人力资源等因素，以确保生产计划的可行性和执行性。

监控生产进度是保证生产计划顺利执行的关键。通过实时监控生产过程，企业能够及时发现和解决生产中的问题，确保生产进度按照计划进行。有效的生产监控应结合信息技术手段，例如使用生产管理系统，实现对生产进度、生产质量和资源利用情况的全面监控和分析，以便及时调整生产计划并优化生产流程。

在电子商务供应链管理中，合理安排生产计划和监控生产进度是确保产品能够及时生产和交付的重要保障。只有通过合理的生产计划和有效的生产监控，企业才能够在激烈的市场竞争中保持竞争优势，实现资源的最大化利用和企业利润的最大化。

第三节 电子商务物流与供应链管理的关系

一、电子商务对供应链管理的影响

（一）供应链可视化

供应链可视化是一种利用图形、图表和数据可视化技术，将供应链各个环节的信息直观地展现出来的方法。在电子商务物流与供应链管理中，供应链可视化发挥着重要作用，帮助企业更好地理解和管理供应链活动。

供应链可视化提供了对供应链全貌的直观理解。通过可视化工具，企业可以将供应链各个环节的信息以图形和图表的形式展现出来，包括供应商、制造商、分销商和零售商等各方的关系和活动。这样可以帮助企业全面了解供应链的结构和运作方式，识别潜在的风险和瓶颈，并采取相应的措施进行优化和改进。

供应链可视化提供了对供应链实时状态的监控和跟踪。通过可视化工具，企业可以实时跟踪供应链各个环节的运作情况，包括订单处理、库存水平、运输状态和客户反馈等信息。这样可以帮助企业及时发现和解决问题，提高供应链的响应速度和灵活性，满足客户需求并提升客户满意度。

供应链可视化还提供了对供应链数据的深入分析和挖掘。通过可视化工具，企业可以对供应链数据进行多维度的分析和比较，发现潜在的趋势和关联性，并制定相应的策略和决策。企业可以通过可视化分析找出销售热点和低迷地区，调整库存和物流策略以提高销售效率和降低成本。

供应链可视化还可以促进供应链各方之间的协作和沟通。通过可视化工具，供应链各方可以共享实时数据和信息，及时沟通和协调，共同解决问题，提高供应链的整体效率和效益。这样可以帮助企业构建更加紧密和高效的供应链合作关系，提高供应链的稳定性和竞争力。

供应链可视化在电子商务物流与供应链管理中发挥着重要作用。通过可视化工具，企业可以更好地理解和管理供应链活动，实时监控和跟踪供应链状态，深入分析和挖掘供应链数据，促进供应链各方之间的协作和沟通。这有助于企业提高供应链的效率和效益，应对市场竞争和变化，实现可持续发展。

（二）实时反馈

电子商务物流与供应链管理密切相关，二者之间的实时反馈扮演着关键的角色。电子商务物流指的是在电子商务平台上进行的商品物流运输与配送的活动，而供应链管理则是涉及到从产品采购到顾客交付的整个流程的管理。实时反馈在这两者之间起着至关重要的作用。

实时反馈可以帮助优化物流运输的效率。通过实时监控物流运输过程中的各个环节，如货物出库、运输路线、配送状态等，企业可以及时发现并解决潜在的问题，确保货物能够按时到达客户手中。这种及时的反馈能够提高物流运输的准确性和效率，提升顾客满意度。

实时反馈对于供应链管理也是至关重要的。通过实时监控采购、生产、库存等环节的数据，企业可以及时了解到供应链中的各个环节的情况，从而及时调整生产计划、库存管理策略等。这种实时反馈能够帮助企业更加灵活地应对市场变化和客户需求，提高供应链的敏捷性和适应性。

实时反馈还可以帮助企业进行风险管理。通过及时监控和分析供应链中的数据，企业可以发现潜在的风险因素，并采取相应的措施加以应对，从而降低供应链中的各种风险，保障供应链的稳定运行。

实时反馈还可以帮助企业提升客户体验。通过实时监控订单状态、配送进度等信息，企业可以向客户提供准确的订单信息和配送时间，增强客户对企业的信任和满意度。这种良好的客户体验可以帮助企业提升品牌形象，促进销售增长。

实时反馈在电子商务物流与供应链管理中具有重要意义。通过实时监控和分析数据，企业可以及时发现问题、优化流程、降低风险，从而提高物流运输的效率，优化供应链管理，提升客户体验，增强企业竞争力。因此，电子商务企业应该重视实时反馈，在物流与供应链管理中加以应用，实现更加高效、灵活和可持续的运营。

二、供应链对电子商务物流的影响

（一）库存管理

库存管理在电子商务物流与供应链管理中起着至关重要的作用。随着电子商务的兴起,传统的库存管理方式面临着新的挑战和机遇。电子商务的特点是交易频繁、库存周转速度快,因此对库存管理的要求更加严格。

电子商务的物流链条较为复杂,需要高效的库存管理来支持。随着订单量的增加,库存管理需要更加精准和及时,以确保产品的及时交付和客户满意度。供应链中的每个环节都需要合理的库存管理,以防止因为库存不足或过多而导致的生产和销售中断。

电子商务的物流网络覆盖面广,需要统一的库存管理系统来实现信息共享和资源优化。通过建立统一的库存管理平台,可以实现不同环节的信息交互和库存数据的实时更新,从而提高供应链的响应速度和灵活性。

电子商务的需求波动较大,需要灵活的库存管理策略来应对。通过采用基于需求预测的库存管理模型,可以实现库存水平的优化和库存成本的降低,从而提高企业的竞争力和盈利能力。

总体而言,电子商务物流与供应链管理中的库存管理是保障产品流通和客户满意度的关键环节,需要不断优化和创新以适应市场的变化和发展。

(二) 配送网络优化

电子商务物流与供应链管理密不可分,其中配送网络优化是提高电子商务物流效率和竞争力的重要环节。

配送网络优化涉及到建立和管理高效的配送网络,以确保商品能够以最快、最经济的方式送达给消费者。在电子商务物流中,配送网络优化需要考虑到多个因素,包括物流成本、配送时间、配送范围、仓储设施等。通过合理规划和优化配送网络,企业能够降低物流成本、提高配送效率、增强顾客体验,从而提升竞争力。

配送网络优化需要借助先进的物流技术和信息系统。通过物流信息系统,企业能够实时监控配送网络的运作情况,及时发现和解决配送中的问题,优化配送路线和节点,提高配送效率。物流技术的应用也能够实现智能化的配送管理,提升配送准确性和响应速度,满足消费者的个性化需求。

配送网络优化还需要注重与供应链管理的紧密结合。有效的供应链管理能够确保物流过程的顺畅进行,提高配送网络的协同效率。通过与供应商和合作伙伴的紧密合作,企业能够实现物流信息的共享和协同,优化供应链各个环节,提高整体供应链的运作效率和灵活性。

配送网络优化是电子商务物流与供应链管理中的关键环节。通过合理规划和优化配送网络,借助先进的物流技术和信息系统,以及与供应链管理的紧密结合,企业能够实现物流成本的降低、配送效率的提升,从而提高竞争力和满足消费者需求,实现长期可持续发展。

第四节 国际电子商务物流与供应链管理发展趋势

一、国际电子商务物流概述

（一）国际电子商务物流的定义

1. 国际电子商务物流的概念

国际电子商务物流是指跨越国界进行的电子商务活动中涉及到的物流运输、仓储、配送等一系列环节。随着全球化进程的加速和互联网技术的发展，国际电子商务物流已成为跨国企业和消费者之间进行跨境贸易的重要方式。它不仅需要应对传统物流环节中的挑战，还需要解决跨国贸易带来的复杂性和不确定性。

国际电子商务物流与供应链管理的基础在于建立有效的全球供应链网络。这意味着企业需要与来自不同国家和地区的供应商、制造商、物流服务商等各方建立合作关系，共同构建跨国供应链网络。在这个过程中，企业需要考虑到不同国家和地区的法律、文化、语言和货币等差异，以及海关和贸易政策等因素，制定相应的供应链策略和运营模式。

信息技术的支持是国际电子商务物流与供应链管理的基础之一。通过信息技术，企业可以实现对全球供应链的实时监控和管理，包括订单处理、库存管理、运输跟踪等各个环节。企业可以利用物流管理系统、供应链管理软件和大数据分析工具等技术，实现全球供应链的信息化和数字化，提高物流效率和准确性。

国际电子商务物流与供应链管理的基础还在于建立高效的跨境物流通道。跨境物流通道是连接不同国家和地区的物流网络，包括海运、航空、铁路和公路等多种运输方式。企业需要选择合适的跨境物流通道，优化运输路线和运输方案，以降低运输成本和缩短交货时间。企业还需要与跨境物流服务商合作，确保货物能够安全、快速地运输到目的地。

国际电子商务物流与供应链管理的基础还在于建立健全的风险管理机制。由于跨国贸易涉及到政治、经济、环境等多种风险因素，企业需要制定相应的风险管理策略和应对措施，以降低风险和损失。这包括货物丢失或损坏、交货延迟、海关问题等各种风险。企业可以通过货物保险、备货策略、多样化供应商和供应链融资等方式，应对不同类型的风险，保障供应链的稳定运作和企业的利益。

国际电子商务物流与供应链管理的基础在于建立有效的全球供应链网络、信息技术的支持、建立高效的跨境物流通道和健全的风险管理机制。这些基础性工作可以帮助企业应对全球化挑战，实现跨国贸易的顺利进行，提高物流效率和客户满意度，从而增强企业的竞争力和市场地位。

2. 国际电子商务物流的特点

国际电子商务物流具有独特的特点，与传统物流相比有着明显的区别。国际电子商务物流涉及到跨越国界的运输和配送，因此具有更高的复杂性和不确定性。国际电子商务物流涉及到多种货物、多种运输方式和多种货币，需要面对不同国家和地区的法律法规、关税和进口限制等问题。国际电子商务物流还需要考虑到货物的安全性、清关手续、跨境支付等方面的问题。国际电子商务物流的特点主要包括跨境运输、复杂多样的货物和运输方式、法律法规和进口限制、货物安全和支付等方面。

国际电子商务物流与供应链管理的基础主要包括物流管理、信息管理、风险管理和国际合作等方面。物流管理是国际电子商务物流与供应链管理的基础之一。良好的物流管理能够确保货物能够及时、安全地送达目的地，从而提高客户满意度和企业竞争力。信息管理在国际电子商务物流与供应链管理中也起着重要作用。通过信息管理系统，企业可以实现对物流过程的实时监控和数据分析，及时发现和解决潜在问题，提高供应链的效率和透明度。

风险管理也是国际电子商务物流与供应链管理的基础之一。由于国际电子商务物流涉及到跨境运输和多种货物，存在着诸多风险，如货物丢失、损坏、清关问题等。因此，企业需要采取一系列措施来降低风险，保障供应链的稳定运行。国际合作也是国际电子商务物流与供应链管理的基础之一。由于国际电子商务物流涉及到多个国家和地区，需要与各方合作，共同解决物流、清关、支付等问题。因此，建立良好的国际合作关系对于提高国际电子商务物流的效率和质量至关重要。

(二) 国际电子商务物流与国内电子商务物流的区别

1. 跨境运输

国际电子商务物流与国内电子商务物流存在明显的区别。跨境运输需要处理更多的国际法律法规和海关手续，包括进出口报关、税收规定等。这增加了跨境物流的复杂性和成本。

国际电子商务物流面临更长的运输距离和更多的中间环节。国际货物通常需要经过多次中转和运输，导致交付时间较长，且容易受到天气、海关等因素的影响，增加了交付风险和不确定性。

国际电子商务物流还需要处理货物的跨境支付和结算问题。不同国家的货币制度和支付方式不同，需要建立跨境支付体系和结算机制，以确保资金安全和交易顺利进行。

与国内电子商务物流相比，国际电子商务物流需要更加严格的产品包装和标识要求。由于运输距离较长和经过多个国家，货物需要更加耐久和安全的包装，以防止在运输过程中发生损坏或丢失。

总体而言，国际电子商务物流相对于国内电子商务物流更加复杂和具有挑战性，需要企业建立完善的物流体系和国际合作网络，以应对不同国家的法律法规和市场需求。

2. 跨文化交流

跨文化交流是国际电子商务物流与国内电子商务物流之间的一个显著差异。在国际电子商务物流中，由于涉及不同国家和地区之间的交易，文化差异成为一个重要的考量因素。不同文化背景下的消费者有着不同的购物习惯、价值观念和审美标准，因此，国际电子商务企业需要针对不同文化背景的消费者进行市场定位和产品定制，以满足其需求。

另一个区别在于物流网络和跨境运输。国际电子商务物流涉及到跨越国界的物流活动，因此需要建立复杂的物流网络和跨境运输渠道。与国内电子商务物流相比，国际物流更加复杂，涉及到海关手续、国际货运、关税税费等问题，需要处理更多的物流环节和程序，因此成本较高，而且交货时间也更长。

国际电子商务物流还需要考虑到货币汇率和支付手段的差异。不同国家之间的货币种类和汇率波动会影响到交易的成本和风险，因此企业需要采取相应的货币管理和风险控制措施。国际电子商务还需要考虑到不同国家和地区的支付习惯和支付手段的差异，为消费者提供多样化的支付方式，以增加购物便利性和消费体验。

国际电子商务物流还需要面对法律法规和政策的差异。不同国家和地区之间存在着不同的法律体系和贸易政策，企业需要遵守当地的法律法规，处理好与政府部门的合作关系，以确保业务的合法性和稳定性。国际贸易还需要处理好与跨国合作伙伴的合作关系，包括供应商、物流公司、支付平台等，以确保物流供应链的畅通和稳定。

国际电子商务物流与国内电子商务物流相比存在着明显的差异。跨文化交流、复杂的物流网络和跨境运输、货币汇率和支付手段的差异、法律法规和政策的差异等因素都会影响到国际电子商务物流的运作和管理，需要企业采取相应的策略和措施来应对。

二、国际电子商务物流与供应链管理的发展趋势

（一）跨境电商平台的崛起

跨境电商平台的崛起是国际电子商务物流与供应链管理发展的重要驱动力之一。随着全球市场的互联互通，越来越多的消费者通过跨境电商平台购买商品，这促进了国际电子商务物流与供应链管理的发展。这一趋势具有以下几个显著特点。

物流服务的全球化是国际电子商务物流与供应链管理发展的主要趋势之一。随着跨境电商平台的兴起，企业需要提供全球范围内的物流服务，以满足不同国家和地区消费者的需求。因此，物流服务商需要建立全球性的物流网络，包括多个国家和地区的仓储、配送中心和运输渠道，以实现货物的快速、安全和高效的跨境运输。

物流技术的创新是国际电子商务物流与供应链管理发展的另一个重要趋势。随着信息技术的不断发展和应用，物流行业也在不断探索和应用新的技术，以提高物流效率和服务水平。人工智能、物联网和大数据技术可以帮助企业实现智能化仓储管理、运输路径优化和客户需求预测，从而提高物流效率和客户满意度。

国际电子商务物流与供应链管理还面临着一些挑战。跨境贸易的法律和政策差异、海关和贸易手续的复杂性、货物丢失或损坏的风险等都可能影响物流运作的顺利进行。因此，企业需要制定相应的风险管理策略和应对措施，以降低风险和损失，并确保供应链的稳定运作和货物的安全交付。

在全球化和技术创新的背景下，物流服务的全球化和物流技术的创新将成为未来国际

电子商务物流与供应链管理发展的主要趋势。企业需要应对跨境贸易的各种挑战，制定相应的策略和措施，以保障供应链的稳定运作和企业的利益。

(二) 国际供应链数字化与智能化

1. 数字化和智能化

数字化和智能化是国际电子商务物流与供应链管理的不可忽视的发展趋势。数字化指的是将物流与供应链管理过程中的各种信息、数据和操作进行数字化处理和管理，而智能化则是利用先进的技术和人工智能等手段来提升物流与供应链管理的效率和智能化程度。

在国际电子商务物流中，数字化的发展趋势体现在信息流、物流和资金流等多个方面。通过建立信息化系统，企业能够实现对物流过程的实时监控和数据分析，从而实现物流过程的优化和效率提升。数字化也能够实现货物跟踪、订单管理、库存管理等功能，提高供应链管理的效率和透明度。数字化还能够实现供应链各环节之间的无缝连接和数据共享，提高供应链的协同性和灵活性。

与此智能化的发展趋势也在国际电子商务物流与供应链管理中得到了广泛应用。通过利用先进的技术和人工智能算法，企业能够实现对物流过程的智能优化和决策支持。利用大数据分析和预测算法，可以对市场需求进行准确预测，从而优化采购和生产计划；利用智能物流系统，可以实现智能路线规划和配送调度，提高物流配送效率；利用智能仓储系统，可以实现自动化的货物存储和取货，提高库存管理的效率和准确性。

数字化和智能化是国际电子商务物流与供应链管理的发展趋势。通过加强数字化建设和智能化技术应用，企业可以实现供应链的高效运作和持续发展，提高竞争力，适应市场变化，实现可持续发展。因此，企业应该积极拥抱数字化和智能化，加强技术研发和应用，不断提升国际电子商务物流与供应链管理的水平和能力。

2. 绿色可持续发展

绿色可持续发展已经成为全球关注的焦点之一，国际电子商务物流与供应链管理的发展也不例外。随着环境问题的日益突出，企业和政府开始重视绿色可持续发展，将其纳入到电子商务物流与供应链管理的议程之中。

国际电子商务物流与供应链管理的发展趋势之一是加强碳排放管理。企业开始关注和监控其物流活动所产生的碳排放量，采取措施减少和抵消碳排放，例如使用更环保的运输方式、优化货物配载、减少空运等。一些国际组织和政府也在推动碳排放的监管和标准化，以促进绿色物流的发展。

国际电子商务物流与供应链管理的发展趋势之二是推动可再生能源的应用。随着可再生能源技术的进步和成本的降低，越来越多的企业开始将可再生能源应用到物流和供应链管理中，例如利用太阳能和风能为仓库和运输设施提供能源，减少对传统能源的依赖，降低环境影响。

国际电子商务物流与供应链管理的发展趋势之三是加强循环经济的实践。循环经济理念强调资源的最大化利用和再利用，减少废物和污染的产生。在供应链管理中，企业可以采取一系列措施，例如优化包装设计、推广产品回收和再利用，以实现资源的循环利用和减少环境负荷。

  国际电子商务物流与供应链管理的发展趋势是朝着绿色可持续发展的方向发展，强调减少碳排放、推动可再生能源应用和加强循环经济实践。这不仅是企业应对环境挑战的责任，也是实现可持续发展的关键路径之一。随着技术的进步和政策的支持，相信绿色物流将在国际电子商务领域发挥越来越重要的作用。

第二章 电子商务物流的关键技术与工具

第一节 电子商务物流的信息技术应用

一、电子商务物流信息技术应用的基础

(一) 电子商务平台

1. 在线购物系统

在线购物系统是电子商务物流中信息技术应用的重要组成部分。信息技术在在线购物系统中发挥着至关重要的作用,为电子商务物流提供了高效、精确和便利的解决方案。

信息技术在在线购物系统中实现了订单管理和处理的自动化。通过订单管理系统,消费者可以方便地浏览和选择商品,将所需商品加入购物车,并通过在线支付系统完成订单支付。在后台,订单管理系统能够自动处理订单信息,生成订单编号、发货单和发票等相关文档,实现订单处理的自动化和高效率。

信息技术为电子商务物流提供了实时的物流跟踪和管理功能。通过物流信息系统,消费者可以随时随地查询订单状态和物流信息,了解订单的配送进度和预计送达时间。物流信息系统也为企业提供了实时监控和管理物流过程的能力,帮助企业及时发现和解决物流问题,提高物流运作效率和准确性。

信息技术在在线购物系统中实现了库存管理和商品追踪的智能化。通过库存管理系统,企业能够实时掌握商品库存情况,及时补充库存,避免断货和过剩。商品追踪技术也能够实现对商品流动的全程追踪,从生产到销售的每一个环节都能够清晰记录和跟踪,为企业提供了数据支持和决策依据。

信息技术还为在线购物系统提供了个性化和定制化的服务。通过用户数据分析和推荐系统,企业可以根据消费者的购买历史、兴趣偏好和行为习惯,向其推荐相关的商品和服务,提高购物体验和满意度。个性化服务还包括订单定制、礼品包装等定制化服务,满足消费者个性化需求,提升品牌形象和忠诚度。

信息技术在在线购物系统中的应用为电子商务物流提供了强大的支持和驱动力。通过自动化的订单处理、实时的物流跟踪、智能化的库存管理和个性化的服务等功能,信息技术使得电子商务物流更加高效、便捷和智能化，为企业提供了竞争优势和发展机遇。

2. 电子支付系统

电子支付系统是一种基于网络和数字技术的支付工具，可以实现在线购物、转账和支付服务等功能。在电子商务物流中，信息技术的应用对于实现物流活动的高效运作至关重要。

信息技术在电子支付系统中的应用提高了支付的便利性和安全性。通过电子支付系统，消费者可以使用各种支付方式进行在线支付，包括信用卡、借记卡、电子钱包等。这种支付方式不仅方便快捷，而且安全可靠，可以有效防范网络欺诈和支付风险。信息技术还支持支付系统的实时监控和管理，可以及时发现和解决支付异常和问题，保障交易的顺利进行。

信息技术在电子商务物流中的应用提高了订单处理和库存管理的效率。通过物流管理系统和订单处理系统，企业可以实现对订单的实时跟踪和处理，包括订单接收、分配、处理和配送等环节。这样可以大大提高订单处理的速度和准确性，缩短订单处理周期，并降低人力成本和错误率。信息技术还支持仓储管理系统的实时库存监控和管理，可以及时掌握库存情况，避免库存短缺和过剩，优化库存成本和周转率。

信息技术在电子商务物流中的应用还促进了供应链的协同合作和信息共享。通过供应链管理系统和电子数据交换技术，企业可以与供应商、制造商、物流服务商等各方实现信息的实时共享和协同合作。这样可以加强供应链各环节之间的沟通和协调，优化供应链流程和资源配置，提高供应链的整体效率和服务水平。

信息技术在电子商务物流中的应用还支持客户服务和市场营销的个性化和定制化。通过客户关系管理系统和大数据分析工具，企业可以实时跟踪客户行为和需求，了解客户偏好和购买习惯，为客户提供个性化的服务和定制化的产品。这样可以提高客户满意度和忠诚度，增强企业的竞争力和市场地位。

信息技术在电子商务物流中的应用对于实现物流活动的高效运作和服务水平的提升至关重要。通过电子支付系统、订单处理系统、供应链管理系统等技术工具的应用，企业可以实现订单处理和库存管理的自动化和实时监控，促进供应链的协同合作和信息共享，提高客户服务和市场营销的个性化和定制化。这些应用将进一步推动电子商务物流的发展，为企业提供更加高效和便捷的物流服务。

(二) 物流管理系统

1. 订单处理系统

订单处理系统是电子商务物流中重要的信息技术应用之一。该系统负责管理和处理顾客下单、支付、配送等环节的信息，以确保订单能够及时、准确地处理和交付。

订单处理系统的作用是提高订单处理的效率和准确性。通过自动化处理订单的流程，系统能够减少人工干预，降低错误率，提高订单处理的速度和精确度。这种高效的订单处理系统能够满足客户对快速交付的需求，增强客户满意度和忠诚度。

订单处理系统还能够实现订单信息的集中管理和实时监控。通过集中管理订单信息，企业能够更好地了解订单的状态和进展情况，及时发现和解决潜在问题。实时监控订单处理过程，可以及时发现订单处理过程中的异常情况，保证订单能够按时交付。

订单处理系统还能够实现订单信息的数据分析和挖掘。通过对订单数据的分析，企业可以了解客户的购买行为和偏好，从而调整产品定价、促销活动等策略，提高销售额和利润率。订单数据还可以用于预测市场需求和库存需求，帮助企业进行采购和生产计划，优化供应链管理。

订单处理系统是电子商务物流中重要的信息技术应用之一。通过高效的订单处理系统，企业能够提高订单处理的效率和准确性，增强客户满意度和忠诚度，优化供应链管理，实现可持续发展。因此，企业应该重视订单处理系统的建设和应用，不断提升其技术水平和管理能力。

2. 库存管理系统

库存管理系统在电子商务物流中扮演着至关重要的角色，而信息技术的应用则是其发展的关键。电子商务物流的特点决定了库存管理系统需要具备高度的信息化和智能化。传统的手工记录和管理方式已经无法满足电子商务的高效要求，因此需要借助信息技术来实现库存数据的实时更新、快速查询和智能分析。

电子商务物流的信息技术应用涵盖了多个方面，包括库存管理系统的建设、物流信息系统的优化、数据分析与挖掘等。库存管理系统通过建立数据库和应用程序，实现对库存数据的统一管理和监控，包括库存量、库存位置、入库出库记录等信息的记录和跟踪。物流信息系统则通过技术手段实现订单的自动化处理、货物的实时跟踪和配送路线的优化，提高了物流效率和客户满意度。数据分析与挖掘技术则通过对大数据的分析和处理，帮助企业发现潜在的库存管理问题和优化机会，提高了库存管理的精确性和效率。

除此之外，电子商务物流的信息技术应用还包括了物联网、云计算、人工智能等先进技术的应用。物联网技术通过连接各种传感器和设备，实现对库存和运输过程的实时监控和管理，提高了物流信息的准确性和可靠性。云计算技术则通过构建云平台，实现对库存管理系统和物流信息系统的灵活部署和资源共享，降低了系统建设和维护成本。人工智能技术则通过模式识别、数据分析和智能决策等方法，提高了库存管理系统的智能化水平，为企业提供更加精准和可靠的决策支持。

电子商务物流的信息技术应用对库存管理系统的建设和发展起到了至关重要的作用，包括了库存管理系统的建设、物流信息系统的优化、数据分析与挖掘以及物联网、云计算、人工智能等先进技术的应用。这些技术的应用不仅提高了库存管理的效率和精确性，也推动了电子商务物流的发展和进步。

二、电子商务物流信息技术应用的进阶

（一）物流跟踪技术

1. GPS（全球定位系统）

全球定位系统（GPS）在电子商务物流中的信息技术应用已经进一步发展，并为物流

行业带来了新的进步和可能性。GPS技术的广泛应用为电子商务物流提供了更加精确和高效的定位、跟踪和管理方案。

GPS技术在电子商务物流中实现了实时定位和跟踪功能。通过搭载GPS芯片的移动设备，如智能手机、物流车辆等，企业能够实时获取物流车辆的位置信息，并通过物流信息系统实现对物流过程的实时监控和管理。这种实时定位和跟踪功能有助于企业更好地掌握物流车辆的行驶情况，优化配送路线，提高配送效率和准确性。

GPS技术为电子商务物流提供了智能路线规划和导航功能。通过路线规划和导航系统，物流司机能够根据实时交通信息和GPS定位数据，选择最优的配送路线，避开拥堵路段和交通事故，以及实现智能导航和定位功能，提高物流车辆的行驶效率和配送准确性。这种智能路线规划和导航功能能够帮助企业节省时间和成本，提高配送效率，满足消费者对及时送达的需求。

GPS技术还为电子商务物流提供了货物追踪和安全保障功能。通过搭载GPS芯片的货物追踪设备，企业能够实时跟踪货物的位置和运输状态，提高货物运输的安全性和可靠性。GPS技术还可以实现对货物的防盗和防损功能，通过设置电子围栏和报警系统，及时发现和处理货物异常情况，保障货物运输的安全和完整性。

GPS技术还为电子商务物流提供了数据分析和决策支持功能。通过收集和分析GPS定位数据，企业能够了解物流车辆的运行状况、配送路线的效率、配送时间的准确性等关键指标，为企业提供数据支持和决策依据。GPS技术还可以与其他信息系统集成，如订单管理系统、库存管理系统等，实现物流信息的共享和协同，提高物流运营的效率和智能化水平。

通过实时定位和跟踪、智能路线规划和导航、货物追踪和安全保障、数据分析和决策支持等功能，GPS技术使得电子商务物流更加精确、高效和智能化，为企业提供了更好的竞争优势和发展机遇。

2. RFID（射频识别）

RFID（射频识别）技术是一种通过射频信号实现对物体的识别和跟踪的技术。在电子商务物流领域，RFID技术的应用进阶为物流管理带来了许多新的可能性和提升。

RFID技术的应用进阶提高了物流操作的自动化程度。传统的条形码技术需要将条码对准扫描设备，而RFID标签可以通过射频信号远距离识别，无须人工干预。这意味着企业可以在物流环节中实现更高程度的自动化，例如自动收货、自动分拣和自动盘点等。这样不仅提高了物流操作的效率，还降低了人力成本和错误率。

RFID技术的应用进阶提升了物流数据的实时性和准确性。RFID标签可以实现对物品的实时跟踪和监控，不仅可以追踪物流运输过程中的货物位置和状态，还可以实时更新物流信息系统中的数据。这样可以帮助企业及时掌握物流运作情况，做出及时决策，提高对供应链的管理和控制能力。

RFID技术的应用进阶提升了物流的可视化和透明度。通过RFID技术，企业可以实现对整个物流过程的实时监控和管理，包括供应链各个环节的货物流动和信息流动。这样不仅提高了供应链各方之间的协作和沟通效率，还可以帮助企业发现并解决物流问题，提高供应链的整体运作效率。

RFID 技术的应用进阶还促进了物流信息的智能化利用。通过与大数据、人工智能等技术的结合，企业可以对 RFID 数据进行深度分析和挖掘，发现潜在的趋势和规律。企业可以利用 RFID 数据分析预测需求、优化库存管理和配送路线，从而提高物流运作的效率和成本控制能力。

RFID 技术的应用进阶还推动了物流服务的个性化和定制化。通过 RFID 技术，企业可以实现对货物和订单的个性化追踪和处理，根据客户需求实时调整物流方案和服务内容。这样可以提高客户满意度和忠诚度，增强企业在竞争激烈的电子商务市场中的竞争力和市场地位。

RFID 技术的应用进阶为电子商务物流带来了许多新的机遇和挑战。通过 RFID 技术，企业可以实现物流操作的自动化、数据的实时化、物流的可视化、信息的智能化利用和服务的个性化定制化，从而提高物流效率和客户满意度，增强企业的竞争力和市场地位。

（二）大数据与人工智能

1. 无人配送技术

无人配送技术是电子商务物流领域的一项重要进步，它通过利用先进的无人驾驶技术和人工智能算法，实现货物的自动配送，为电子商务物流带来了新的发展机遇。

无人配送技术的应用使得配送过程更加智能和高效。无人配送车辆可以根据预设的路线和目的地，自主行驶，不受交通拥堵和人为因素的影响，从而能够更快地完成配送任务。这种智能化的配送方式能够大大缩短配送时间，提高配送效率，满足顾客对于快速配送的需求。

无人配送技术也提高了配送的准确性和安全性。由于无人配送车辆采用先进的传感器和导航系统，能够实时监测周围环境并做出及时反应，因此能够避免交通事故和货物损坏等问题，保障配送过程的安全。而且，配送过程中的数据记录和实时监控也能够提高配送的准确性，确保货物能够准确送达目的地。

无人配送技术的应用还能够降低配送成本，提高供应链管理的效率。相比传统的人工配送方式，无人配送技术可以减少人力成本和配送时间，同时能够实现货物配送的自动化和规模化，降低配送成本，提高供应链管理的效率和竞争力。

无人配送技术还能够拓展配送服务的范围和时效。传统的配送方式受制于人力和交通等因素，往往只能在有限的时间范围内进行配送，而无人配送技术则能够实现 24 小时不间断的配送服务，满足不同客户的需求。而且，无人配送技术也能够实现更远距离的配送，拓展配送服务的覆盖范围。

无人配送技术是电子商务物流领域的一项重要进步，它通过智能化、高效化、安全化和自动化等特点，为电子商务物流带来了新的发展机遇。未来，随着无人配送技术的不断进步和完善，它将会在电子商务物流领域发挥越来越重要的作用，为电子商务物流的发展注入新的动力。因此，企业应该积极拥抱无人配送技术，加强技术研发和应用，不断提升电子商务物流的智能化水平和竞争力。

2. 区块链技术

区块链技术作为一种新兴的信息技术，正在逐渐在电子商务物流领域展现出其巨大的潜力和应用前景。区块链技术的去中心化特点为电子商务物流的信息管理带来了全新的解决方案。传统的中心化信息系统存在着单点故障和数据篡改的风险，而区块链技术通过分布式账本和加密算法，实现了数据的安全存储和不可篡改，确保了信息的可靠性和透明性。

区块链技术为电子商务物流提供了更加高效和安全的交易机制。在传统的交易过程中，需要借助第三方机构来验证交易双方的身份和交易信息，增加了交易的时间和成本。而区块链技术通过智能合约等技术手段，实现了交易的自动化和去信任化，降低了交易的中间环节和风险，提高了交易的效率和安全性。

区块链技术还为电子商务物流提供了供应链管理的创新解决方案。传统的供应链管理往往存在信息不对称和数据孤岛的问题，导致供应链的信息流通不畅和协同性不足。而区块链技术通过建立共享的供应链平台和分布式账本，实现了供应链信息的实时共享和多方协同，提高了供应链的透明度和响应速度，减少了库存积压和信息延迟。

区块链技术还为电子商务物流提供了溯源和品质管理的解决方案。在食品、医药等行业，产品的质量和安全性是消费者关注的焦点之一，而传统的溯源系统往往存在信息不对称和造假的问题。而区块链技术通过建立不可篡改的产品溯源链，实现了产品从生产到销售的全程可追溯，确保了产品的安全和品质，提高了消费者的信任度和满意度。

区块链技术作为一种新兴的信息技术，为电子商务物流提供了全新的解决方案和发展机遇。通过去中心化、高效安全的交易机制、供应链管理的创新和产品溯源的应用，区块链技术正在改变着电子商务物流的传统模式，推动着其向着更加高效、安全和可持续的方向发展。

第二节　数据分析与预测在电子商务物流中的应用

一、数据分析在电子商务物流中的应用

(一) 订单数据分析

1. 了解消费者的购买行为、偏好和趋势

了解消费者的购买行为、偏好和趋势对于电子商务物流的优化和提升至关重要。数据分析在电子商务物流中发挥着关键作用，通过对消费者数据的收集、分析和挖掘，帮助企业更好地理解消费者需求，优化物流服务，提高满意度和竞争力。

数据分析可以帮助企业深入了解消费者的购买行为。通过收集和分析消费者的购买数据，如购买时间、购买频率、购买渠道等，企业能够发现消费者的购买模式和偏好，了解消费者的购买动机和行为路径。这有助于企业调整物流策略，优化配送服务，提高订单处理效率和配送准确性，满足消费者的个性化需求。

数据分析可以帮助企业洞察消费者的偏好和趋势。通过对消费者数据的挖掘和分析，企业可以发现消费者的产品偏好、品牌偏好、价格偏好等信息，了解消费者的购物趋势和市场需求，为企业的产品定位和营销策略提供参考。企业还可以根据消费者的偏好和趋势，调整物流服务和配送策略，提高满意度和忠诚度，实现持续发展。

数据分析可以帮助企业发现潜在的市场机会和发展趋势。通过对市场数据和消费者行为数据的分析，企业可以发现新的市场需求和消费趋势，及时调整产品组合和物流服务，抓住市场机遇，提高市场竞争力。数据分析还可以帮助企业预测市场趋势和未来发展方向，制定相应的战略规划，提前布局和调整物流网络，实现持续创新和发展。

数据分析可以帮助企业提升服务质量和用户体验。通过对消费者反馈和投诉数据的分析，企业可以了解消费者对物流服务的满意度和不满意度，发现问题所在，及时改进和优化服务，提高用户体验和忠诚度。企业还可以通过数据分析实现个性化定制和精准营销，为消费者提供更加个性化和贴心的物流服务，增强竞争力和品牌价值。

数据分析在电子商务物流中的应用是非常重要的。通过对消费者购买行为、偏好和趋势的深入分析，企业能够更好地理解市场需求，优化物流服务，提高满意度和竞争力，实现持续发展。

2. 优化商品的采购和库存管理

优化商品的采购和库存管理是电子商务物流中的重要环节，而数据分析技术的应用则在这一过程中发挥着关键作用。

数据分析技术可以帮助企业基于历史销售数据和市场趋势进行商品采购决策。通过对销售数据的深度分析，企业可以了解不同商品的销售趋势、季节性变化和市场需求变化，从而合理预测未来的销售趋势。数据分析技术可以支持企业实现库存的精细化管理。通过对库存数据的分析，企业可以了解库存水平、库存周转率、滞销商品等情况，发现并及时处理库存异常情况。通过库存数据分析，企业可以识别滞销商品并采取促销措施，清除滞销库存；还可以根据销售预测和需求预测，调整库存水平，避免库存过多或过少的情况发生。

数据分析技术还可以帮助企业优化供应链管理和供应商关系。通过对供应链数据的分析，企业可以了解供应链各环节的运作情况、供应商的交货准时率和质量表现等情况，发现并解决潜在的问题。企业可以通过供应链数据分析识别交货延迟的供应商并与其沟通，优化供应链流程，提高供应链的稳定性和可靠性。

数据分析技术还可以支持企业实现个性化的库存管理和服务提供。通过对客户数据和购买行为的分析，企业可以了解客户偏好、购买习惯和需求特点，为客户提供个性化的商品推荐和服务。企业可以根据客户数据分析调整商品库存和陈列，提高客户购买率和满意度；还可以根据客户需求预测和购买历史，定制个性化的促销活动和优惠策略，增强客户忠诚度和消费体验。

数据分析技术在电子商务物流中的应用对于优化商品的采购和库存管理至关重要。通过对销售数据、库存数据和供应链数据的深度分析，企业可以实现更加精准和高效地采购和库存管理，提高库存周转率和资金利用率，降低库存成本和风险。数据分析技术还可以支持企业实现个性化的供应链管理和客户服务，提高客户满意度和竞争力。

（二）库存数据分析

1. 企业实时监控库存水平

企业实时监控库存水平和数据分析在电子商务物流中扮演着至关重要的角色。实时监控库存水平是指企业通过先进的信息技术手段，对仓储中的货物数量、种类、状态等进行实时监测和管理的过程。而数据分析则是利用大数据和数据挖掘技术，对大量的库存数据进行深入分析，以发现潜在的规律、趋势和优化方案。

实时监控库存水平能够帮助企业及时掌握库存情况，避免因库存过多或过少而导致的损失。通过实时监控系统，企业可以随时了解到仓库中各种货物的存量和状态，及时调整采购和销售策略，保持库存水平在适当范围内。这种及时的监控能够帮助企业降低库存成本，提高资金利用效率，增强企业的竞争力。

数据分析在电子商务物流中的应用也具有重要意义。通过对大量的库存数据进行分析，企业可以了解到不同产品的销售情况、季节性变化、客户偏好等信息，从而调整库存策略和销售策略，提高销售额和利润率。数据分析还可以帮助企业进行库存优化和需求预测，提高库存周转率，降低库存风险。

除此之外，实时监控库存水平和数据分析还能够提高供应链管理的效率和透明度。通过实时监控系统，企业可以实现对供应链各个环节的实时监控和反馈，及时发现并解决潜在问题，提高供应链的协同性和灵活性。而数据分析则可以帮助企业发现供应链中的瓶颈和问题，优化供应链管理流程，提高供应链的效率和可靠性。

企业实时监控库存水平和数据分析在电子商务物流中发挥着重要作用。通过实时监控系统和数据分析技术的应用，企业能够及时了解库存情况，优化库存策略，提高销售额和利润率，同时也能够优化供应链管理，提高供应链的效率和可靠性。因此，企业应该重视实时监控和数据分析技术的应用，不断加强技术研发和应用，提升电子商务物流的管理水平和竞争力。

2. 预测商品的价格波动

电子商务物流领域中，预测商品价格波动的数据分析具有重要的应用价值。通过对商品价格波动进行深入分析，可以帮助电子商务企业更好地制定价格策略、优化供应链管理，提高市场竞争力。

商品价格波动数据分析可以帮助企业识别市场趋势。通过对历史价格数据的分析，企业可以发现商品价格的周期性变化以及受到影响的因素，从而更准确地把握市场走向，及时调整价格策略，提高销售收益。

价格波动数据分析还可以帮助企业进行库存管理。通过对价格波动的趋势进行预测，企业可以更好地规划库存，避免因价格波动而造成的库存积压或库存不足的情况，降低库存成本，提高资金利用率。

价格波动数据分析还可以帮助企业优化供应链管理。通过对价格波动的分析，企业可以更好地了解供应链中各个环节的价格波动情况，及时调整供应链布局，选择合适的供应商，降低采购成本，提高供应链效率。

价格波动数据分析还可以帮助企业进行竞争分析。通过对竞争对手的价格波动进行监测和分析，企业可以及时调整自己的价格策略，保持竞争优势，提升市场份额。

价格波动数据分析在电子商务物流中具有重要的应用价值，可以帮助企业更好地制定价格策略、优化供应链管理，提高市场竞争力。

二、数据预测在电子商务物流中的应用

（一）需求预测

1. 预测未来商品的需求量和销售趋势

数据预测在电子商务物流中扮演着至关重要的角色，特别是在预测未来商品的需求量和销售趋势方面。这种预测对于物流管理和供应链优化至关重要，它能够帮助企业合理规划生产和库存，优化物流配送，提高客户满意度和企业竞争力。

数据预测通过收集和分析大量的历史销售数据和市场趋势，可以帮助企业了解商品的需求量和销售趋势。通过对销售数据的趋势分析和模式识别，企业能够发现销售的周期性、季节性和趋势性，预测未来商品的需求量和销售趋势，为企业制定合理的生产计划和库存策略提供参考。

数据预测可以帮助企业应对市场变化和需求波动。通过建立预测模型和算法，企业能够根据市场环境和竞争态势，预测未来商品的需求量和销售趋势，及时调整生产和库存，避免库存积压和产品过剩，降低经营风险，提高资源利用效率和经济效益。

数据预测还可以帮助企业实现精准营销和个性化服务。通过对消费者数据和行为数据的分析，企业能够了解消费者的购买偏好和行为习惯，预测未来的购买需求和趋势，为消费者提供个性化的产品推荐和定制化的服务，提高购物体验和满意度，增强客户忠诚度和品牌价值。

数据预测还可以帮助企业优化物流配送和供应链管理。通过预测未来的商品需求量和销售趋势，企业能够合理规划物流配送路线和配送计划，提前准备好所需的物流资源和配送网络，确保及时、准确地满足市场需求，降低物流成本和提高配送效率。

数据预测还可以帮助企业实现持续创新和发展。通过对市场趋势和需求变化的预测，企业能够及时调整产品组合和服务策略，推出符合市场需求的新产品和服务，抓住市场机会，增强竞争力和市场份额，实现持续创新和发展。

数据预测在电子商务物流中的应用是非常重要的。通过预测未来商品的需求量和销售趋势，企业能够合理规划生产和库存，优化物流配送，提高客户满意度和企业竞争力，实现持续发展和创新。

2. 制定合理的采购计划和库存策略

制定合理的采购计划和库存策略对于电子商务物流的高效运作至关重要。数据预测技术在这一过程中发挥着关键作用。

数据预测技术可以基于历史销售数据和市场趋势实现对未来需求的准确预测。借助数据预测模型，可以根据历史数据和市场趋势进行未来销售量的预测，从而帮助企业制定合理的采购计划和库存策略。这样可以避免库存积压或库存不足的情况发生，提高库存周转率和资金利用率。

数据预测技术可以支持企业实现库存的精细化管理。利用数据预测模型，可以预测未来一段时间内的商品需求量，从而调整库存水平和采购计划，避免库存过多或过少的情况发生。这样可以降低库存成本和风险，提高供应链的运作效率和企业的竞争力。

数据预测技术还可以帮助企业优化供应链管理和供应商关系。借助数据预测模型，可以预测未来供应链的运作情况和可能出现的问题，从而及时采取措施，优化供应链流程和管理。这样可以提高供应链的稳定性和可靠性，保障物流运作的顺利进行。

数据预测技术还可以支持企业实现个性化的库存管理和服务提供。通过对客户数据和购买行为的分析和预测，企业可以了解客户偏好、购买习惯和需求特点。借助数据预测模型，可以预测客户未来的购买行为和可能的需求变化，从而调整库存策略和采购计划，提供个性化的商品推荐和服务。数据预测技术在电子商务物流中的应用对于制定合理的采购计划和库存策略至关重要。

（二）运输时间预测

1. 预测商品的运输时间

预测商品的运输时间是电子商务物流中数据预测的重要应用之一。数据预测是利用历史数据和统计方法，通过建立数学模型来预测未来事件或趋势的技术手段。在电子商务物流中，预测商品的运输时间可以帮助企业更好地规划物流配送计划、提高顾客满意度和忠诚度，优化供应链管理，提高运营效率。

预测商品的运输时间能够帮助企业提高物流配送的准确性和及时性。通过分析历史配送数据、交通情况、天气状况等因素，建立运输时间预测模型，企业可以预测出每个订单的配送时间，为客户提供准确的配送时间预期。这种准确的配送时间预测能够帮助企业提高顾客满意度，增强顾客的信任和忠诚度。

预测商品的运输时间还能够帮助企业优化物流配送计划。通过预测商品的运输时间，企业可以合理安排货物的运输路线、运输方式和配送人员，从而优化物流配送计划，提高配送效率，降低配送成本。预测商品的运输时间还能够帮助企业进行库存管理和生产计划，避免因运输时间不确定而导致的库存过多或过少的问题。

预测商品的运输时间还能够帮助企业应对突发情况和变化。通过实时监控和更新预测模型，企业可以及时调整配送计划，应对交通堵塞、天气变化等突发情况，保证货物能够按时送达目的地。这种及时的调整能够提高企业应对突发情况的能力，保障物流配送的顺利进行。

预测商品的运输时间还能够帮助企业进行业务决策和市场营销。通过分析预测结果，企业可以了解到不同地区、不同产品的运输时间特点，从而调整销售策略、开发新的市场和客户群体，提高销售额和利润率。预测商品的运输时间还能够帮助企业制定更加合理的价格策略，提高竞争力。

预测商品的运输时间是电子商务物流中数据预测的重要应用之一。通过建立预测模型，企业可以提高物流配送的准确性和及时性，优化物流配送计划，应对突发情况和变化，进行业务决策和市场营销，提高运营效率和竞争力。因此，企业应该重视数据预测技术的应用，加强数据收集和分析，不断优化预测模型，提高物流配送的效率和质量。

2. 运输路线优化

电子商务物流领域中，运输路线优化和数据预测是至关重要的。数据预测技术能够为电子商务企业提供精准的运输路线规划，从而提高运输效率、降低成本，以及增强客户满意度。

数据预测可以帮助企业更好地理解运输需求。通过对历史运输数据的分析，企业可以发现不同时间段和地区的运输需求规律，从而预测未来的运输需求，有针对性地制定运输计划。

数据预测技术可以帮助企业优化运输路线。通过对运输路线数据的分析和建模，企业可以预测不同路线的运输时间、成本和风险，从而选择最优的运输路线，减少运输时间和成本，提高运输效率。

数据预测还可以帮助企业降低运输风险。通过对天气、交通等因素的预测，企业可以及时调整运输计划，避免因不可控因素导致的延误和损失，保障货物的安全和及时到达。

数据预测技术还可以帮助企业提升客户服务水平。通过对客户需求和偏好的预测，企业可以提前做好准备，及时调整运输计划和配送方案，提供更快捷、更准确的配送服务，提升客户满意度和忠诚度。

数据预测在电子商务物流中具有重要的应用价值，可以帮助企业更好地理解运输需求、优化运输路线、降低运输风险，以及提升客户服务水平。

第三节 物联网技术与电子商务物流的融合

一、物联网技术概述

(一) 物联网技术的定义与发展

1. 物联网技术的基本概念

物联网技术是一种通过互联网连接各种物理设备和对象的技术。它使得这些设备能够相互通信和交换数据，从而实现自动化控制和智能化操作。物联网技术的核心在于将传感器、控制器和其他设备连接到互联网上，使它们能够实时收集和共享信息，以便进行监测、分析和管理。

在物联网技术中，物理设备通过各种通信技术（如 Wi-Fi、蓝牙、Zigbee 等）连接到互联网。这些设备可以是各种形态，例如传感器、执行器、智能家居设备、工业机器人等。它们可以收集各种数据，如温度、湿度、压力、位置等，然后将这些数据发送到云端服务器进行处理和分析。

物联网技术的应用非常广泛，涵盖了许多领域，包括智能城市、智能家居、工业自动化、农业、医疗保健等。在智能城市中，物联网技术可以用于监测交通流量、管理能源消耗、提高公共安全等。在智能家居中，物联网技术可以实现远程控制家电、智能安防、环境监测等功能。在工业自动化中，物联网技术可以实现设备状态监测、生产过程优化、远程维护。在农业领域，物联网技术可以用于监测土壤湿度、温度、光照等参数，帮助农民实现精准农业管理。在医疗保健领域，物联网技术可以用于远程健康监测、智能医疗设备管理、医疗数据分析等。

物联网技术的发展带来了许多机遇，但同时也带来了一些挑战。数据安全和隐私保护是物联网技术面临的重要问题之一。由于物联网设备收集的数据涉及个人隐私和机密信息，因此必须采取有效的安全措施来保护这些数据不被未经授权的访问。物联网技术还面临着标准化、互操作性、能源消耗等方面的挑战，需要各方共同努力解决。

物联网技术是一种革命性的技术，有着广阔的应用前景和深远的影响。随着技术的不断进步和应用场景的不断拓展，物联网技术将在未来发挥越来越重要的作用，促进社会的智能化、信息化和可持续发展。

2. 物联网技术的历史与演变

物联网技术源自 20 世纪末的信息技术和通信技术的蓬勃发展。最初，这个概念被视为一种理论构想，一种能够让物体相互连接并交换信息的技术构想。在这个理念被提出后不久，随着计算机和互联网的普及，人们开始认识到将物体与网络连接起来可能是可能的，并开始探索这一领域的发展。

20 世纪 90 年代，随着 RFID（射频识别）技术的发展，物联网技术开始初露端倪。

RFID 技术允许物体通过无线射频信号进行识别和追踪，这一技术的出现为物联网的发展提供了技术基础。随后，随着无线传感器网络技术的成熟，人们开始探索将传感器与物体连接起来，实现对物体的监测和控制。

进入 21 世纪，随着移动互联网和云计算技术的发展，物联网技术迎来了新的发展机遇。移动互联网技术的普及使得人们可以随时随地通过手机或其他移动设备接入互联网，这为物联网的实际应用提供了便利条件。云计算技术的出现为物联网提供了强大的数据存储和处理能力，使得大规模的物联网应用成为可能。

物联网技术的发展并非一帆风顺，也面临着一些挑战。其中之一是安全和隐私问题。随着物联网设备的普及，人们的个人信息和隐私也随之暴露在网络上，而网络安全问题也日益严峻。另一个挑战是标准化和互操作性问题。由于物联网涉及到多个不同厂商和技术标准，不同设备之间的互操作性成为了一个重要的问题。

未来，随着 5G 技术的普及和人工智能技术的发展，物联网技术将迎来更加广阔的发展空间。5G 技术的高速低延迟特性将进一步推动物联网设备的普及和应用。人工智能技术的发展将使得物联网设备具备更加智能的能力，实现更加复杂的应用场景。物联网技术的发展将为人们的生活带来更多的便利和可能性，推动社会的进步和发展。

（二）物联网技术的关键技术与特点

1. 传感器技术

传感器技术是物联网技术的核心之一，其关键在于实现对环境信息的感知和采集。传感器的特点在于其多样性和智能化。传感器种类繁多，包括光学传感器、温度传感器、压力传感器等，可以根据需要选择合适的传感器进行信息采集。而传感器的智能化则体现在其具备数据处理和通信能力，能够对采集到的信息进行处理和传输，实现数据的实时监测和远程控制。

物联网技术的关键在于传感器节点之间的互联互通。通过无线通信技术，将各个传感器节点连接起来，构建起一个覆盖范围广泛的物联网系统。这种网络结构具有高度的灵活性和扩展性，能够根据需要随时增加或减少节点，实现对不同场景的适应。

传感器技术和物联网技术的融合应用具有广泛的应用前景。在智慧城市建设中，可以利用传感器技术实时监测城市交通、环境、能源等信息，通过物联网技术实现各个系统之间的数据共享和协同控制，提高城市管理的效率和水平。在工业生产中，可以利用传感器技术监测生产过程中的各种参数，实现生产过程的智能化和自动化，提高生产效率和产品质量。在农业领域，可以利用传感器技术监测土壤湿度、气温等信息，通过物联网技术实现精准农业，提高农作物的产量和质量。

传感器技术和物联网技术的发展将推动信息化进程向更深层次、更广领域拓展，为人类社会的发展带来巨大的变革和发展机遇。

2. 物联网技术的开放性与互联性

物联网技术的开放性与互联性是其核心特征之一。开放性体现在物联网系统的设计和开发过程中，采用了开放标准和开放接口，使得不同厂商、不同设备之间能够实现互联互通。互联性则体现在物联网系统中的各种设备、传感器和应用程序之间能够实现互联互通，实现信息共享和资源共享，从而提高系统的整体效率和性能。

物联网技术的关键技术包括传感器技术、通信技术、数据处理技术和安全技术。传感器技术是物联网系统的基础，通过传感器可以实现对环境、物体和事件的监测和感知。通信技术是物联网系统中设备之间进行数据传输和通信的基础，包括有线通信和无线通信技术。数据处理技术是物联网系统中对采集到的数据进行处理和分析的关键技术，包括数据存储、数据挖掘和数据分析技术。安全技术是保障物联网系统安全稳定运行的重要技术，包括数据加密、身份认证和访问控制技术。

物联网技术的特点包括智能化、自动化、实时性和可扩展性。智能化体现在物联网系统具有智能感知和智能决策能力，能够实现对环境和设备的智能控制和管理。自动化体现在物联网系统能够实现自动化的数据采集、处理和控制，减少人为干预和管理成本。实时性体现在物联网系统能够实时监测和响应环境和设备的变化，及时做出反应和调整。可扩展性体现在物联网系统能够根据需求和规模进行灵活扩展和升级，实现系统的持续发展和优化。

物联网技术的开放性与互联性、关键技术与特点共同构成了物联网技术的核心特征和优势，推动了物联网技术在各个领域的广泛应用和发展。

二、电子商务物流与物联网技术的融合发展

（一）电子商务物流概述

电子商务物流是指利用电子商务平台进行商品交易和物流配送的过程。它涵盖了订单处理、库存管理、运输和配送等环节。随着电子商务的迅速发展，物流环节的效率和可靠性成为了电子商务成功的关键因素之一。

物联网技术的融合为电子商务物流带来了新的机遇和挑战。物联网技术可以实现对物流环节的实时监测和控制，提高物流操作的效率和可视化程度。通过在货物包装中植入传感器，可以实时监测货物的位置、温湿度等信息，以及货物是否受到损坏。这些数据可以通过互联网传输到电子商务平台和物流公司的系统中，实现对物流过程的全程监控和管理。

物联网技术还可以实现物流信息的自动化采集和处理。传感器和智能设备可以自动收集货物的信息，并将其发送到物流管理系统中进行处理和分析。这样可以大大减少人工干预的成本和时间，提高物流信息的准确性和及时性。

物联网技术还可以实现物流环节的智能化和自动化。通过与物联网技术集成的智能设备和机器人，可以实现自动化仓储、拣货和包装等操作，提高物流操作的效率和精度。物联网技术还可以实现对物流车辆和运输设备的远程监控和调度，优化物流路线和运输计划，降低物流成本和时间。

物联网技术的融合为电子商务物流带来了全新的发展机遇。通过实时监测、自动化处理和智能化操作，可以提高物流效率、降低成本，从而促进电子商务的持续发展和壮大。物联网技术的应用也面临着一些挑战，如数据安全、隐私保护、系统集成等方面的问题，需要各方共同努力解决。

（二）电子商务物流与物联网技术的融合案例分析

1. 亚马逊物流系统

亚马逊作为全球最大的电子商务平台之一，其物流系统是其商业模式的重要组成部分。通过整合物联网技术，亚马逊成功地将电子商务物流与物联网技术相融合，为其提供了诸多优势。

亚马逊的物联网技术应用于其仓储管理系统中。通过在仓库内部部署大量传感器和 RFID 技术，亚马逊可以实时监测仓库内物品的位置和数量。这使得亚马逊能够更加高效地管理库存，减少了因库存管理不当而导致的成本和错误。

亚马逊利用物联网技术提升了其配送系统的效率。通过在配送车辆和包裹上搭载传感器和 GPS 技术，亚马逊可以实时追踪配送车辆的位置和状态，从而实现了对配送过程的实时监控和管理。这使得亚马逊能够更加准确地估计配送时间，并提供更加及时的配送服务。

亚马逊还利用物联网技术提升了其客户体验。通过在其智能家居产品中搭载物联网技术，亚马逊可以实现对家庭环境的智能监控和控制。客户可以通过语音助手控制家庭灯光、温度和安全系统等，从而实现了对家居环境的智能化管理。

亚马逊成功地将电子商务物流与物联网技术相融合，为其提供了诸多优势。通过整合物联网技术，亚马逊提升了其仓储管理、配送系统和客户体验的效率和质量，从而进一步巩固了其在电子商务领域的领先地位。

2. 顺丰速运物联网技术应用案例

顺丰速运是一家致力于电子商务物流领域的企业，他们运用物联网技术实现了高效的物流管理和服务。他们利用物联网技术实现了实时跟踪和监控货物的运输情况，通过在货物上安装传感器，可以实时获取货物的位置、温度、湿度等信息，保证货物在运输过程中的安全和完整。顺丰速运还利用物联网技术提高了配送效率，通过在车辆上安装传感器，可以实时监测车辆的行驶状况和货物的装载情况，从而合理安排车辆和货物的配送路线，提高配送效率，降低成本。

电子商务物流是物联网技术的一个重要应用领域，顺丰速运将物联网技术与电子商务物流相结合，实现了更高效的物流管理和服务。他们利用物联网技术实现了货物的自动化分拣和配送，通过在仓库和配送中心安装传感器和自动化设备，可以实现对货物的自动分拣和装载，减少人力成本，提高分拣和配送效率。顺丰速运还利用物联网技术实现了货物的智能追踪和配送，通过在货物上安装传感器和无线通信设备，可以实时监测货物的位置和状态，从而提供更及时、准确的配送信息，提高客户满意度。

顺丰速运利用物联网技术实现了电子商务物流的智能化和自动化，提高了物流管理和服务的效率和水平。他们的成功经验表明，物联网技术在电子商务物流领域有着巨大的应用潜力，将为电子商务物流的发展带来新的机遇和挑战。

第四节 人工智能与机器学习在电子商务物流中的应用

一、人工智能在电子商务物流中的应用

（一）人工智能概述

1. 人工智能的定义

人工智能（AI）是指模拟人类智能的技术和系统。它涵盖了多种技术和方法，包括机器学习、深度学习、自然语言处理、专家系统等，旨在让计算机系统具备像人类一样的认知、学习、推理和决策能力。

人工智能在电子商务物流中的基础概念体现在其对于提高物流效率、降低成本、优化资源利用等方面的重要作用。工智能技术可以通过分析大量的物流数据，识别出物流网络中的瓶颈和优化空间，从而优化物流路线和配送方案，提高运输效率。工智能技术可以利用数据挖掘和预测分析技术，对市场需求和供应链进行预测，帮助企业做出及时的库存管理和采购决策，降低库存成本，减少资金占用。工智能技术还可以通过智能化的物流仓储系统和自动化的物流设备，实现物流流程的自动化和智能化，减少人力成本，提高物流操作效率。工智能技术还可以通过智能化的客户服务系统和个性化推荐系统，提升客户体验和满意度，增强客户黏性，促进销售增长。

2. 人工智能的发展历程

人工智能的发展历程可以追溯到上世纪 50 年代，当时科学家们开始研究如何使机器模拟人类的智能行为。经过几十年的努力，人工智能技术取得了长足的进步。从最初的符号逻辑推理到基于统计学习的机器学习算法，再到如今的深度学习技术，人工智能已经在各个领域展现出强大的应用潜力。

在电子商务物流中，人工智能技术扮演着重要的角色。其基础概念之一是机器学习，这是一种让计算机能够从数据中学习并改进性能的技术。通过对大量的历史数据进行分析和学习，机器学习算法可以发现数据之间的模式和规律，从而预测未来的趋势和行为。在电子商务物流中，机器学习可以应用于货物需求预测、库存管理、运输路线优化等方面，帮助企业提高物流效率和服务质量。

另一个重要的基础概念是自然语言处理（NLP），这是一种让计算机能够理解和处理人类语言的技术。通过 NLP 技术，计算机可以分析和理解文本数据，从中提取出有用的信息和意义。在电子商务物流中，NLP 可以应用于客户服务、商品描述、用户评论等方面，帮助企业更好地理解用户需求和反馈，提供个性化的服务和推荐。

图像识别和计算机视觉技术也是电子商务物流中的重要基础概念之一。通过这些技术，计算机可以识别和理解图像数据，从而实现自动化的货物识别、货架管理、安全监控等功能。在电子商务物流中，图像识别和计算机视觉可以应用于货物包装、质检、仓储等环节，提高物流操作的效率和准确性。

人工智能技术在电子商务物流中发挥着重要的作用。通过机器学习、自然语言处理、图像识别等技术的应用，可以实现物流过程的自动化、智能化和个性化，提高物流效率、降低成本，从而促进电子商务的持续发展和壮大。人工智能技术的应用也面临着一些挑战，如数据隐私、算法偏差、系统集成等方面的问题，需要各方共同努力解决。

电子商务物流对于现代商业的重要性不言而喻。随着电子商务的蓬勃发展，物流作为其不可或缺的一部分，扮演着连接生产者和消费者之间的桥梁。在电子商务中，物流系统的高效运作直接影响着商品的送达速度、客户满意度以及企业的竞争力。

人工智能技术在电子商务物流中的应用，已成为不可忽视的重要因素。人工智能以其强大的数据处理和分析能力，为电子商务物流注入了新的活力。

人工智能在电子商务物流中起着关键的预测和规划作用。通过分析历史数据和实时信息，人工智能可以准确预测需求趋势和订单量，并进行智能调度和路径规划，从而优化物流配送方案，提高运输效率。

人工智能在电子商务物流中实现了智能化的仓储管理。借助人工智能技术，仓库可以实现自动化的库存管理和货物分拣，大大提高了仓储效率和准确性。人工智能还可以通过智能算法优化仓库布局和货物存储方式，最大程度地节省仓储空间。

人工智能技术还可以实现电子商务物流的智能配送和最后一公里服务。通过在配送车辆和包裹上搭载传感器和智能设备，人工智能可以实时监控配送过程，并根据交通状况和配送需求进行智能调度和路径优化，保证货物及时送达。人工智能还可以实现智能化的最后一公里配送，例如利用机器人和无人机等技术实现快速、安全的配送服务。

人工智能技术为电子商务物流带来了巨大的变革和提升。通过智能预测、仓储管理和配送服务，人工智能实现了电子商务物流的智能化和高效化，为企业降低成本、提高效率，同时提升了客户体验和竞争力。

电子商务物流面临着诸多挑战与机遇。挑战主要体现在物流效率、配送速度、成本控制和客户体验等方面。随着电子商务的快速发展，物流需求量大幅增加，物流网络面临着更大的压力，如何提高物流效率成为一个亟待解决的问题。配送速度的要求也越来越高，客户对于快速送达的期望也在不断提升，因此，如何实现更快的配送成为电子商务物流的挑战之一。成本控制也是电子商务物流面临的挑战，随着物流网络的扩张和运营成本的增加，如何降低物流成本成为一个重要课题。客户体验也是电子商务物流面临的挑战之一，如何提高配送的准确性和可靠性，满足客户对于物流服务的需求，提高客户满意度成为一个重要目标。

电子商务物流也面临着诸多机遇。随着物联网技术和人工智能技术的发展，电子商务物流的智能化和自动化程度不断提高，为提高物流效率和配送速度提供了新的机遇。利用物联网技术实现货物的实时追踪和监控，可以提高物流的可见性和透明度，减少货物丢失和损坏的风险。利用人工智能技术实现智能分拣和配送，可以提高物流的自动化程度，降低人力成本，提高物流效率。人工智能技术还可以通过数据分析和预测，实现对物流需求的精准预测和配送路线的优化，进一步提高物流效率和配送速度。人工智能技术还可以实现对客户需求的个性化定制，提高客户体验，增强客户黏性，促进电子商务的发展。

人工智能在电子商务物流中具有重要的基础概念，主要体现在数据分析、机器学习和自然语言处理等方面。数据分析是人工智能在电子商务物流中的基础概念之一，通过对物流数据的采集和分析，可以实现对物流需求的理解和预测，为物流决策提供数据支持。机器学习是人工智能在电子商务物流中的基础概念之一，通过对物流数据的学习和模式识别，可以实现对物流过程的优化和改进，提高物流效率和配送速度。自然语言处理是人工智能在电子商务物流中的基础概念之一，通过对客户需求和反馈的分析和处理，可以实现对客户需求的理解和响应，提高客户体验，促进电子商务的发展。

电子商务物流面临着诸多挑战与机遇，人工智能在电子商务物流中具有重要的基础概念，为电子商务物流的发展提供了新的机遇和挑战。

二、人工智能与机器学习融合在电子商务物流中的应用

（一）预测与优化

1. 需求预测

需求预测在电子商务物流中是至关重要的，而人工智能和机器学习技术的应用为需求预测提供了强大的支持。人工智能和机器学习技术通过分析大量的历史数据和实时信息，能够准确预测未来的需求趋势，帮助电子商务企业合理规划库存、优化供应链、提高客户满意度。

人工智能和机器学习技术通过对历史销售数据和市场趋势的分析，可以建立准确的需求预测模型。这些模型可以考虑到各种因素对需求的影响，如季节性变化、促销活动、竞争对手的动态等，从而更精准地预测未来的需求量和销售额。

人工智能和机器学习技术能够利用大数据分析的手段，挖掘隐藏在海量数据中的规律和趋势。通过对用户行为数据、网站访问数据、社交媒体数据等多源数据的整合和分析，可以更全面地了解用户的购买偏好和行为习惯，从而更准确地预测未来的需求变化。

人工智能和机器学习技术还可以实现需求预测的自动化和实时化。通过建立智能算法和模型，可以实现对需求预测过程的自动化处理，减少人为干预和错误，提高预测的准确性和效率。机器学习技术也能够实现对需求预测模型的实时更新和调整，及时响应市场变化，保持预测的准确性和及时性。

人工智能和机器学习技术的应用还可以实现个性化的需求预测和推荐。通过对用户的个性化数据进行分析和挖掘，可以为用户提供个性化的产品推荐和服务建议，提高用户的

购买满意度和忠诚度。

人工智能和机器学习技术在电子商务物流中的应用为需求预测提供了强大的支持，可以帮助企业更准确地预测未来的需求趋势，优化供应链管理，提高客户满意度，实现商业价值的最大化。

2. 路线规划与配送优化

在电子商务物流中，路线规划与配送优化是至关重要的环节。人工智能与机器学习技术的应用为这一领域带来了革命性的变革。

人工智能与机器学习技术在路线规划方面发挥着重要作用。通过对历史订单数据、交通状况以及地理信息的分析，机器学习算法可以预测不同区域的订单量和需求趋势，从而优化路线规划。这样可以帮助物流公司合理分配资源，减少配送时间和成本。

人工智能技术还可以实现配送路线的动态优化。通过实时监测交通状况、天气情况以及订单变化，机器学习算法可以不断调整配送路线，选择最优的路径和时间窗口，以保证货物能够及时送达。这种动态优化能力可以有效应对突发情况和交通拥堵，提高配送的准时性和可靠性。

人工智能技术还可以应用于配送车辆的调度和管理。通过对配送车辆的实时监控和调度，机器学习算法可以优化车辆的运行路线和载货量，降低空载率和行驶里程，从而减少能源消耗和环境污染。这种智能化的车辆调度能力可以提高配送效率，降低物流成本。

人工智能技术还可以应用于配送员的行为预测和管理。通过对配送员的历史工作记录和行为数据的分析，机器学习算法可以预测配送员的工作状态和效率，从而合理安排工作任务和提供培训指导。这种个性化的管理能力可以提高配送员的工作满意度和服务质量。

人工智能与机器学习技术在电子商务物流中的应用为路线规划与配送优化带来了革命性的变革。通过对订单数据、交通状况以及配送资源的智能化分析和管理，可以实现物流操作的智能化、个性化和高效化，从而提高配送效率、降低成本，促进电子商务物流的持续发展和壮大。

(二) 自动化与智能化

1. 自动化仓储管理

自动化仓储管理在电子商务物流中扮演着至关重要的角色。它通过整合人工智能和机器学习技术，实现了仓库操作的智能化和高效化。

人工智能与机器学习技术在仓储管理中的应用是实现智能化的库存管理。通过分析历史数据和实时信息，系统可以准确地预测需求趋势和订单量，从而做出合理的库存规划。机器学习算法可以不断优化库存管理策略，使得库存水平保持在最佳状态，减少库存积压和缺货现象的发生。

人工智能与机器学习技术可以实现仓库内部的自动化操作。通过在仓库内部部署传感器和智能设备，系统可以实时监测仓库内货物的位置和数量，并自动进行货物分拣和装载。机器学习算法可以不断学习和优化分拣和装载过程，提高操作效率和准确性。

人工智能与机器学习技术还可以实现对仓库布局和货物存储方式的优化。通过分析货物属性和需求特征，系统可以智能地设计仓库布局和货物存储方式，最大程度地节省仓储空间，并提高货物的存取效率。机器学习算法可以根据货物流动情况和需求变化，动态调整仓库布局和货物存储方式，使得仓库始终保持在最佳状态。

人工智能与机器学习技术在电子商务物流中的应用为自动化仓储管理带来了巨大的变革和提升。通过智能化的库存管理、自动化的仓库操作和优化的仓库布局，系统可以实现对仓库管理的全面优化，提高了仓库管理的效率和质量，同时降低了成本和风险，为企业的发展和竞争力提供了强大的支持。

2. 智能物流车辆

智能物流车辆是电子商务物流中的重要组成部分，人工智能与机器学习在其应用上发挥着关键作用。智能物流车辆利用先进的传感器和通信技术，能够实时感知和监控环境，同时借助人工智能和机器学习技术，实现对物流过程的智能化管理和优化。

人工智能在智能物流车辆中的应用主要体现在智能调度和路径规划方面。通过对大数据的分析和处理，结合机器学习算法，智能物流车辆可以实现对配送路线的智能优化，根据实时交通情况和货物配送需求，自动选择最优的配送路径，提高配送效率和准时率。

人工智能与机器学习在智能物流车辆中的应用还包括货物跟踪和预测配送需求。通过对物流数据的实时监测和分析，智能物流车辆可以实现对货物运输过程的实时跟踪，提高货物的安全性和可靠性。借助机器学习算法，智能物流车辆还可以对未来的配送需求进行预测，根据历史数据和趋势分析，提前做好配送准备，提高配送的灵活性和响应速度。

人工智能与机器学习还可以在智能物流车辆的安全管理和维护方面发挥重要作用。通过对车辆状态和行驶数据的实时监测和分析，智能物流车辆可以预测车辆故障和维护需求，及时进行维修和保养，保证车辆的正常运行。借助机器学习算法，智能物流车辆还可以实现对驾驶员的行为监测和评估，提高驾驶安全性和减少事故发生的风险。

人工智能与机器学习在智能物流车辆中的应用具有重要意义，可以实现对物流过程的智能化管理和优化，提高配送效率和安全性，为电子商务物流的发展提供强大支持。

第三章 电子商务供应链管理的策略与方法

第一节 电子商务供应链管理的战略选择

一、电子商务供应链管理的挑战

(一)电子商务供应链管理概述

供应链管理是一种综合性的管理方法,旨在有效地组织和协调各个环节的物流活动,从原材料采购到产品销售的全过程,实现供应链中各个环节的协同合作和资源优化,以满足客户需求,提高企业的竞争力和盈利能力。供应链管理的重要性体现在以下几个方面。

供应链管理可以帮助企业实现成本的降低。通过对供应链中各个环节的成本进行分析和优化,可以降低采购成本、生产成本和运输成本等,提高资源利用效率,从而降低产品的生产成本和销售价格,提高企业的竞争力。

供应链管理可以帮助企业提高服务水平。通过对供应链中各个环节的流程进行优化和协调,可以提高产品的交付速度和准确度,缩短订单处理周期,提高客户满意度和忠诚度,增强市场竞争力。

供应链管理还可以帮助企业降低库存水平。通过对供应链中各个环节的库存进行精准控制和管理,可以减少库存积压和滞销,降低资金占用和库存成本,提高资金利用效率,增强企业的财务健康和竞争优势。

供应链管理还可以帮助企业提高市场响应能力。通过建立灵活、高效的供应链网络,可以及时响应市场需求变化,灵活调整供应链布局和资源配置,提高企业对市场变化的适应能力,增强市场竞争力。

电子商务供应链管理是供应链管理在电子商务环境下的应用和发展。电子商务供应链管理通过互联网和信息技术的应用,实现了供应链中各个环节的信息共享和协同合作,加速了供应链流程的数字化和智能化,提高了供应链的效率和透明度。电子商务供应链管理涵盖了电子商务平台的建设和运营、电子商务支付和物流配送、电子商务客户服务和售后等方面,为电子商务企业提供了全方位的供应链解决方案,推动了电子商务的快速发展和持续增长。

电子商务对供应链管理带来了深远的影响，从生产到配送环节都发生了根本性的变化。传统的供应链管理通常是线性的、批量的，而电子商务的兴起使得供应链管理变得更加灵活、快速和个性化。

电子商务改变了供应链管理中的订单处理和库存管理方式。传统的订单处理通常需要通过传真或电话进行，而电子商务平台提供了在线下单和支付的便捷渠道。这使得订单处理更加高效，减少了人力和时间成本。电子商务平台还可以实时更新库存信息，帮助企业及时了解库存情况，避免库存积压和断货现象的发生。

电子商务改变了供应链管理中的供应商选择和采购流程。传统的供应链通常需要建立长期合作关系，而电子商务平台提供了更多的供应商选择和比较的机会。企业可以通过电子商务平台实时查看供应商的产品信息、价格和评价，从而更加灵活地选择合适的供应商，并进行快速的采购决策。

电子商务也改变了供应链管理中的生产计划和生产调度方式。传统的生产计划通常是基于长期的市场预测和订单预测，而电子商务平台提供了更多的实时销售数据和用户反馈信息。企业可以通过电子商务平台实时监测市场需求和销售情况，及时调整生产计划和生产调度，以满足市场需求的变化。

电子商务改变了供应链管理中的配送和物流环节。传统的物流通常是基于固定的配送路线和批量的配送模式，而电子商务平台提供了更加灵活和个性化的配送服务。企业可以通过电子商务平台选择不同的配送方式和服务商，根据客户的需求和地理位置进行定制化配送，提高配送效率和客户满意度。

电子商务对供应链管理的影响是全方位的、深层次的。通过提供更加高效、灵活和个性化的订单处理、库存管理、供应商选择、生产计划、配送服务等环节，电子商务使得供应链管理变得更加智能化和优化，从而提高企业的竞争力和市场占有率。

（二）当前电子商务供应链管理面临的挑战

1. 物流效率与成本

物流效率和成本是电子商务供应链管理中的两个重要方面。当前电子商务供应链管理面临着诸多挑战，影响着物流效率和成本控制。

供应链的复杂性是当前电子商务物流面临的主要挑战之一。随着电子商务规模的扩大和商品种类的增加，供应链变得日益复杂，涉及到多个环节和参与方。这种复杂性使得供应链管理变得困难，导致物流效率下降和成本增加。

供应链中的信息不对称也是一个影响物流效率和成本控制的重要因素。由于信息流动不畅和信息不对称，供应链中的各个环节难以及时获取到准确的信息，导致了订单处理周期的延长和物流成本的增加。

供应链中的库存管理问题也是一个关键挑战。由于库存管理不当和库存积压现象的发生，供应链中的库存成本不断增加，同时也影响了物流效率。库存管理不当还容易导致产品过期或损坏，进一步增加了成本和风险。

供应链中的配送环节也是一个影响物流效率和成本控制的关键问题。随着快速配送需求的增加，供应链中的配送环节变得更加复杂，同时也增加了物流成本。最后一公里配送问题和配送服务质量也是当前电子商务供应链管理面临的挑战之一。

2. 数据安全与风险管理

数据安全与风险管理是当前电子商务供应链管理面临的重要挑战之一。随着电子商务的迅速发展，供应链管理涉及的数据量不断增加，数据安全面临着越来越大的挑战。电子商务供应链管理涉及的数据种类繁多，包括订单信息、客户信息、供应商信息等，这些数据涉及到商业机密和个人隐私，一旦泄露或被篡改，将会造成严重的经济损失和声誉损害。

电子商务供应链管理涉及多个环节和参与方，包括供应商、制造商、物流公司、零售商等，数据的传输和共享环节存在着安全漏洞，容易受到黑客攻击和恶意篡改，从而导致供应链中断和数据泄露。电子商务供应链管理还面临着信息技术的快速更新和演进，供应链系统和软件容易受到安全漏洞和漏洞利用，造成系统崩溃和数据丢失。

与此电子商务供应链管理还面临着风险管理的挑战。电子商务供应链管理涉及多个环节和参与方，供应链风险难以预测和控制，一旦出现问题，将会影响整个供应链的稳定性和可靠性。电子商务供应链管理面临着市场竞争的激烈和不确定性，供应链的成本和效率受到多种因素的影响，如何有效管理和降低供应链风险成为一个重要课题。电子商务供应链管理还受到政策法规和国际贸易环境的影响，政策变化和贸易摩擦可能会对供应链造成不利影响，增加供应链风险和不确定性。

二、电子商务供应链管理的战略选择与应对措施

（一）数据驱动的供应链管理策略

1. 数据采集与分析

数据采集与分析在电子商务供应链管理中扮演着重要角色。数据采集涉及从多个渠道获取各种类型的数据，包括销售数据、库存数据、客户数据等。而数据分析则是对这些数据进行深入挖掘和分析，以揭示潜在的趋势、问题和机会。电子商务企业在面对供应链管理的战略选择时，需要充分利用数据采集与分析的优势，以制定有效的战略和应对措施。

电子商务企业可以利用数据采集与分析的结果，优化供应链的布局和结构。通过对销售数据、客户订单数据和库存数据等进行分析，企业可以识别出产品的畅销品和滞销品，以及不同地区和渠道的销售情况，从而调整供应链中各个环节的资源配置和库存管理策略，提高供应链的效率和响应能力。

数据采集与分析还可以帮助企业识别和解决供应链中的瓶颈和问题。通过对供应链中各个环节的数据进行监测和分析，企业可以发现潜在的问题和瓶颈，如生产环节的生产效率低下、物流环节的运输延迟等，从而采取相应的应对措施，优化供应链流程，提高供应

链的稳定性和可靠性。

数据采集与分析还可以帮助企业进行需求预测和库存优化。通过对历史销售数据和市场趋势的分析，企业可以预测未来的需求变化，合理规划库存和采购计划，避免因库存过剩或库存不足而造成的损失，提高库存周转率和资金利用效率。

数据采集与分析还可以帮助企业实现供应链的智能化和个性化。通过建立智能算法和模型，企业可以实现对供应链流程的自动化和优化，提高供应链的灵活性和适应性。企业还可以根据客户的个性化需求和偏好，提供个性化的产品和服务，提升客户满意度和忠诚度。

数据采集与分析在电子商务供应链管理中扮演着至关重要的角色，可以帮助企业优化供应链布局、识别和解决问题、进行需求预测和库存优化，实现供应链的智能化和个性化，从而提高企业的竞争力和市场地位。

2. 需求预测与库存优化

电子商务供应链管理面临着许多战略选择和应对措施，特别是在需求预测与库存优化方面。

针对需求预测，企业可以选择使用基于数据分析的预测模型。通过对历史销售数据、市场趋势以及用户行为的分析，企业可以建立预测模型，预测未来的需求趋势。这样可以帮助企业更好地调整生产计划和采购策略，避免库存积压和断货现象的发生。

企业可以选择采用基于人工智能和机器学习的预测算法。这些算法可以自动学习和优化，根据不断变化的市场环境和用户行为，不断调整预测模型，提高预测的准确性和精度。这样可以帮助企业更好地应对市场的变化和竞争的挑战，提高供应链管理的灵活性和适应性。

针对库存优化，企业可以选择采用基于数据分析的库存管理系统。这些系统可以实时监测库存水平、销售情况以及供应链的运行状况，帮助企业及时调整库存策略，减少库存成本和风险。企业还可以选择采用跨渠道的库存管理系统，将线上和线下的库存进行整合和优化，提高库存利用率和服务水平。

企业还可以选择采用供应链金融工具，优化库存资金的利用效率。通过与金融机构合作，企业可以获得库存融资、库存保险等服务，减少库存资金的占用和成本，提高资金的周转效率。这样可以帮助企业更好地应对供应链中的资金压力和风险，实现供应链管理的全面优化。

电子商务供应链管理面临着许多战略选择和应对措施。通过采用基于数据分析的预测模型、人工智能和机器学习的预测算法、库存管理系统以及供应链金融工具等手段，企业可以更好地应对需求预测和库存优化的挑战，提高供应链管理的效率和竞争力。

（二）创新技术的应用与数字化转型

1. 人工智能与机器学习技术

人工智能与机器学习技术在电子商务供应链管理中扮演着至关重要的角色。对于企业来说，正确的战略选择和应对措施至关重要，以充分利用这些技术的潜力，提高供应链的效率和竞争力。

企业应该选择与其业务需求和目标相适应的人工智能与机器学习技术。不同的企业在供应链管理中面临着不同的挑战和问题，因此需要选择适合自身情况的技术方案。一些企业可能需要利用人工智能技术进行需求预测和库存优化，而另一些企业可能更关注配送路线优化和运输成本控制。

企业需要加强对人工智能与机器学习技术的研发和应用能力。尽管市场上已经存在各种各样的人工智能与机器学习解决方案，但企业仍然需要根据自身需求进行定制化开发和部署。因此，企业需要投入足够的资源和精力，培养内部的技术团队，提升技术研发和应用能力。

企业还需要加强与技术供应商和合作伙伴的合作，共同推动人工智能与机器学习技术在供应链管理中的应用。与技术供应商和合作伙伴的紧密合作可以帮助企业更好地理解和应用最新的技术，加快技术的落地和应用进程。通过与合作伙伴共享数据和资源，企业可以更好地利用人工智能与机器学习技术，提高供应链管理的效率和水平。

企业需要不断优化和完善人工智能与机器学习技术在供应链管理中的应用。随着技术的不断发展和市场环境的变化，企业需要不断调整和优化技术方案，以适应新的需求和挑战。企业还需要持续进行技术创新和研发投入，保持在技术领域的竞争优势。

正确的战略选择和应对措施对于企业充分利用人工智能与机器学习技术，提高电子商务供应链管理的效率和竞争力至关重要。通过选择适合自身情况的技术方案，加强技术研发和应用能力，加强与合作伙伴的合作，以及不断优化和完善技术应用，企业可以实现供应链管理的持续改进和优化，从而提升企业的竞争力和市场地位。

2. 物联网（IoT）在供应链中的应用

物联网（IoT）在供应链中的应用已成为电子商务供应链管理的重要战略选择。物联网技术通过将传感器和设备连接到互联网上，实现对供应链中各个环节的实时监测和数据收集。在物流环节，物联网技术可以实时监测货物的位置和状态，提高货物跟踪的准确性和及时性；在生产环节，物联网技术可以实时监测生产设备的运行状态和生产效率，提高生产过程的自动化和智能化；在库存管理环节，物联网技术可以实时监测库存水平和货物流动，优化库存管理和补货策略。通过物联网技术，电子商务供应链管理可以实现全面信息化和智能化，提高供应链的效率和灵活性。

电子商务供应链管理在面临物联网应用时需要采取一系列战略选择和应对措施。企业需要加强对物联网技术的了解和应用，培养专业人才，建立物联网技术团队，掌握物联网技术的核心原理和应用方法。企业需要选择合适的物联网平台和解决方案，根据自身业务需求和供应链特点，选择适合的物联网平台和解决方案，确保平台的稳定性和可靠性。企业需要加强对物联网数据的管理和分析，建立完善的数据收集和分析体系，挖掘数据潜在的商业价值，指导企业决策和战略制定。企业还需要加强对物联网安全和隐私保护的重视，建立健全的物联网安全体系，加强对物联网设备和数据的监控和管理，保护企业和客户的利益和隐私。

物联网在供应链中的应用已成为电子商务供应链管理的重要战略选择，企业需要加强对物联网技术的了解和应用，选择合适的物联网平台和解决方案，加强对物联网数据的管理和分析，加强对物联网安全和隐私保护的重视，从而实现供应链的智能化和信息化，提高供应链的效率和竞争力。

第二节 供应链优化与协同管理

一、电子商务供应链优化

（一）当前电子商务供应链面临的问题

1. 物流效率与成本控制

物流效率和成本控制是电子商务供应链管理中的关键问题。当前电子商务供应链面临一些挑战和问题，影响了物流效率和成本控制的实现。

电子商务供应链面临的问题之一是订单处理和配送效率低下。随着电子商务市场的快速增长，订单量呈现爆发式增长，而传统的订单处理和配送系统往往无法满足高效率处理大量订单的需求，导致订单处理周期长、配送延迟等问题，影响了物流效率。

电子商务供应链面临的问题之二是库存管理不当。由于需求预测不准确、库存控制不严格等原因，导致商品库存过剩或者不足，造成资金浪费和库存积压，影响了成本控制和资金利用效率。

电子商务供应链面临的问题之三是供应链环节不协调。由于供应链中各个环节之间信息不对称、协作不足等问题，导致供应链流程不畅、资源利用不均衡，影响了物流效率和成本控制。

电子商务供应链面临的问题之四是物流配送服务不稳定。由于物流服务商的不稳定性、配送环节的问题等原因，导致配送延迟、丢失包裹等情况时有发生，影响了客户体验和忠诚度，也加重了企业的运营成本。

当前电子商务供应链面临着订单处理和配送效率低下、库存管理不当、供应链环节不协调、物流配送服务不稳定等一系列问题，这些问题影响了物流效率和成本控制的实现，制约了电子商务供应链的发展和提升竞争力。因此，电子商务企业需要加强供应链管理，优化供应链流程，提升物流效率和成本控制能力，以应对当前面临的各种挑战和问题。

2. 库存管理与供应链可视化

当前电子商务供应链面临诸多挑战和问题，其中包括库存管理和供应链可视化方面的困难。

电子商务供应链面临的一个问题是库存管理不足。由于市场需求的不确定性和变化性，以及产品生命周期的不确定性，企业往往难以准确预测需求量，导致库存管理不足或过剩。这种情况下，企业往往面临着货物断货或库存积压的风险，影响了供应链的稳定性和效率。

电子商务供应链缺乏透明度和可视化。由于涉及多个环节和参与方，电子商务供应链往往面临着信息不对称和信息孤岛的问题，导致企业难以实时了解供应链的运行状况和问题。这使得企业难以及时发现和解决问题，影响了供应链管理的决策和执行效率。

电子商务供应链还面临着物流配送和交付环节的挑战。由于快速变化的市场需求和日益严格的交付时限，企业往往难以及时调整配送计划和交付路线，导致配送延迟和客户满意度降低。这会影响企业的声誉和市场竞争力，限制了企业的发展和增长。

电子商务供应链还面临着数据安全和隐私保护的问题。由于涉及大量的用户数据和交易信息，电子商务供应链往往成为黑客攻击和数据泄露的目标，给企业带来了严重的安全风险和法律责任。这使得企业不得不加大对数据安全和隐私保护的投入，增加了运营成本和管理压力。

当前电子商务供应链面临着诸多问题和挑战，包括库存管理不足、供应链可视化不足、物流配送不足以及数据安全和隐私保护等方面的问题。企业需要加强对这些问题的认识和理解，采取有效的措施和策略，提高供应链管理的效率和竞争力。

(二) 供应链优化的方法与策略

1. 数据驱动的供应链决策

数据驱动的供应链决策是电子商务供应链优化的关键。通过利用大数据和分析技术，企业可以从海量数据中挖掘有价值的信息，为供应链决策提供科学依据。

数据驱动的供应链决策可以帮助企业更准确地预测需求。通过分析历史销售数据、市场趋势和消费者行为，企业可以了解到需求的变化规律和趋势，从而制定更合理的采购计划和库存策略，避免因为需求估计不准确而导致的库存积压或缺货情况。

数据驱动的供应链决策可以帮助企业优化供应链管理。通过分析供应链中各个环节的数据，企业可以识别出瓶颈和瓶颈，找到改进和优化的方向。通过分析生产过程中的数据，企业可以发现生产效率低下的原因，并采取相应的措施提高生产效率；通过分析配送过程中的数据，企业可以找到配送路线的优化方案，减少运输成本和时间。

数据驱动的供应链决策还可以帮助企业提高客户满意度。通过分析客户数据和反馈信息，企业可以了解客户的需求和偏好，从而优化产品设计、供应链配置和服务流程，提供更符合客户需求的产品和服务，提高客户满意度和忠诚度。

数据驱动的供应链决策是电子商务供应链优化的关键。通过充分利用大数据和分析技术，企业可以更加科学地制定供应链策略和决策，提高供应链的效率和灵活性，降低成本，提高客户满意度，从而提升企业的竞争力和市场地位。

2. 精细化的库存管理与预测

精细化的库存管理与预测是电子商务供应链优化的关键。精细化的库存管理意味着企业能够根据需求和供应情况实现对库存的精准控制，避免库存过剩或不足的问题，从而降低库存成本，提高资金利用率。预测则是基于历史数据和趋势分析，对未来需求进行合理预测，为库存管理提供参考依据，提高库存管理的准确性和效率。

在电子商务供应链中，精细化的库存管理和预测起着至关重要的作用。通过采用先进的信息技术和数据分析手段，企业可以实时监测销售数据、库存水平和供应情况，根据实际需求进行及时调整和优化，避免库存积压和断货现象的发生。通过对历史数据和趋势进行分析，企业可以预测未来的销售趋势和需求变化，合理安排库存和采购计划，降低库存风险，提高供应链的稳定性和可靠性。

精细化的库存管理和预测可以为电子商务供应链带来诸多优势。可以降低库存成本和资金占用成本，提高资金利用率，减少资金闲置。可以提高库存周转率和销售效率，缩短库存周期，加快资金周转。可以降低库存风险和经营风险，避免因库存过剩或不足而导致的损失和浪费。可以提高客户满意度和竞争力，及时满足客户需求，提高客户忠诚度，促进企业长期发展。

精细化的库存管理与预测也面临着一些挑战。需要大量的数据支持和信息技术的支持，包括销售数据、库存数据、供应数据等，企业需要建立完善的信息系统和数据分析平台，实现对数据的实时监测和分析。需要高度的专业知识和技术能力，包括数据分析、预测算法、供应链管理等方面的知识和技能，企业需要培养和吸引相关人才，提升核心竞争力。还需要加强与供应商和物流合作伙伴的沟通和协作，实现信息共享和资源整合，提高供应链的整体效率和协同能力。

精细化的库存管理与预测是电子商务供应链优化的关键，可以带来诸多优势和机遇，但也面临着一些挑战和难点。企业需要通过加强技术投入和人才培养，优化业务流程和合作关系，不断提升供应链管理水平，实现供应链的持续改进和优化。

二、电子商务协同管理

（一）协同管理的定义与重要性

协同管理是一种组织和协调各个部门、团队或者合作伙伴之间的工作和资源，以实现共同目标和最优结果的管理方法。在协同管理中，各个相关方通过信息共享、资源整合、互相支持和协作合作，共同解决问题，提高效率，增强竞争力。

电子商务协同管理在当前数字化时代显得尤为重要。电子商务涉及到多方参与，包括供应商、物流公司、支付机构、客户等多个环节。协同管理可以有效整合这些参与方的资源和能力，实现信息共享和协作合作，提高供应链的效率和响应能力。

电子商务的运作涉及到多个环节，包括产品设计、采购、生产、销售、物流配送等多个环节。协同管理可以帮助企业协调这些环节之间的关系，优化供应链流程，提高生产效率和客户满意度。

电子商务市场变化快速，竞争激烈，企业需要及时调整战略和应对市场变化。协同管理可以帮助企业及时获取和共享市场信息，加强内部各部门之间的沟通和协作，实现快速响应和灵活调整，提升市场竞争力。

电子商务涉及到大量的数据和信息，而信息的共享和利用是实现协同管理的基础。通过建立信息化系统和平台，可以实现企业内部和外部各方之间的信息共享和协同合作，实现资源的最优配置和利用，提高企业的运作效率和竞争力。

电子商务协同管理在当前数字化时代具有重要的意义和价值。通过协同管理，企业可以整合各方资源，优化供应链流程，提高生产效率和客户满意度，增强市场竞争力，实现持续发展和增长。因此，电子商务企业应重视协同管理，加强内部各部门之间的协作和沟通，积极推进协同管理的实践和应用。

（二）电子商务协同管理的实施策略

1. 建立协同管理平台与工具

电子商务协同管理是指利用互联网和数字技术，通过建立协同管理平台和工具，实现各个环节和参与方之间的协同合作和信息共享，从而提高供应链的整体效率和竞争力。

电子商务协同管理需要建立统一的平台和工具，实现信息的集中管理和共享。通过建立统一的数据平台和信息系统，企业可以实现对供应链各个环节和参与方的全面监控和管理，及时了解供应链的运行状况和问题，从而更好地协调各个环节的工作，提高供应链的整体效率和反应速度。

电子商务协同管理需要建立有效的沟通和协作机制。通过建立在线沟通工具和协作平台，企业可以实现与供应商、物流公司、客户等参与方的实时沟通和协作，及时解决问题和调整计划，提高供应链的灵活性和适应性。还可以建立供应链协同管理团队，负责协调和管理各个参与方的工作，确保供应链管理的顺利进行。

电子商务协同管理还需要建立有效的数据分析和决策支持系统。通过建立数据分析和挖掘系统，企业可以对供应链的历史数据、市场趋势和用户行为等进行分析和预测，从而提高供应链管理的决策水平和精度。还可以建立智能化的决策支持系统，根据不同的情况和需求，为企业提供个性化的管理建议和决策方案，帮助企业更好地应对市场的变化和竞争的挑战。

电子商务协同管理需要建立健全的安全保障和风险控制机制。通过加强对数据安全和隐私保护的管理和监控，企业可以防范黑客攻击和数据泄露的风险，确保供应链管理的稳定和可靠。还可以建立供应链风险评估和应对机制，及时识别和应对各种潜在的供应链风险和问题，保障企业的正常运营和发展。

电子商务协同管理是提高供应链管理效率和竞争力的重要手段。通过建立统一的平台和工具、有效的沟通和协作机制、数据分析和决策支持系统，以及健全的安全保障和风险控制机制，企业可以更好地实现供应链的协同管理，提高供应链的整体效率和反应速度，增强企业的市场竞争力。

2. 设计协同管理流程与规范

电子商务协同管理是一项重要的任务,需要设计有效的流程和规范来确保各个环节的顺畅协作和高效执行。

设计协同管理流程需要明确各个参与方的角色和责任。在电子商务协同管理中,可能涉及到多个参与方,包括供应商、物流公司、仓储服务商、支付机构等。因此,需要明确每个参与方在整个协同管理流程中的角色和责任,确保各个环节的协同合作。

设计协同管理流程需要建立有效的沟通机制。在电子商务协同管理中,及时准确地沟通是确保协同管理顺利进行的关键。因此,需要建立起高效的沟通渠道和机制,确保各个参与方之间可以及时交流信息、解决问题,并协同应对突发情况。

设计协同管理流程还需要建立完善的信息共享和数据交换机制。在电子商务协同管理中,各个参与方需要共享大量的信息和数据,包括订单信息、库存信息、配送信息等。因此,需要建立起安全可靠的信息共享和数据交换平台,确保各个参与方可以方便地获取到所需的信息和数据,并进行实时更新和同步。

设计协同管理流程还需要考虑风险管理和应急预案。在电子商务协同管理中,可能会面临各种各样的风险和挑战,如供应链中断、物流延迟、支付风险等。因此,需要建立健全的风险管理机制,制定相应的应急预案,确保在突发情况下能够迅速应对,保障电子商务运营的正常进行。

设计协同管理流程与规范是电子商务协同管理的重要组成部分。通过明确各个参与方的角色和责任、建立高效的沟通机制、建立完善的信息共享和数据交换机制、考虑风险管理和应急预案等措施,可以确保电子商务协同管理的顺利进行,提高效率,降低风险,促进电子商务行业的健康发展。

第三节　风险管理与供应链可持续性

一、风险管理与电子商务供应链概述

(一) 风险管理概述

1. 不同类型的风险在电子商务供应链中的体现

电子商务供应链中存在多种类型的风险,这些风险可能影响到供应链的正常运作和业务发展。市场风险是电子商务供应链中常见的一种风险类型。市场风险主要包括市场需求波动、竞争加剧、行业政策变化等因素带来的风险。市场需求的不确定性导致产品销售量的波动,可能造成库存积压或缺货现象,影响供应链的稳定性。竞争加剧会导致价格战和利润下降,对企业的盈利能力产生负面影响。行业政策的变化可能导致相关法规和标准的调整,对企业的生产、销售和运营产生影响,增加了经营风险。

供应链风险是电子商务供应链中的另一个重要风险类型。供应链风险主要包括供应商违约、供应链中断、原材料价格波动等因素带来的风险。供应商违约可能导致原材料供应中断或延迟，影响产品的生产和交付进度。供应链中断可能由于自然灾害、交通堵塞等原因造成，导致产品无法及时送达客户，影响客户满意度和企业声誉。原材料价格波动可能导致生产成本的波动，影响产品的定价和盈利能力，增加了企业的经营风险。

信息安全风险是电子商务供应链中需要重点关注的一种风险类型。随着信息技术的发展，企业在供应链管理中使用大量的信息系统和数据存储设备，这些设备可能存在被黑客攻击、病毒感染、数据泄露等安全风险。信息安全风险可能导致企业的商业机密泄露、客户信息泄露等问题，对企业的经济利益和声誉产生严重影响。

财务风险也是电子商务供应链中需要考虑的重要风险类型。财务风险主要包括资金短缺、资金流动性不足、资金利用效率低下等因素带来的风险。资金短缺可能导致企业无法及时支付供应商款项或投入生产经营活动，影响供应链的正常运作。资金流动性不足可能导致企业无法应对突发事件或应急情况，增加了企业的经营风险。资金利用效率低下可能导致资金资源的浪费和低效使用，降低了企业的盈利能力和竞争力。

电子商务供应链中存在多种类型的风险，包括市场风险、供应链风险、信息安全风险和财务风险等。企业在经营过程中需要认真分析和评估各种风险，制定有效的应对措施和风险管理策略，保障供应链的稳定运作和业务发展。

2. 风险管理对供应链稳定性的影响

电子商务供应链的稳定性受到风险管理的直接影响。风险管理是一种系统性的方法，旨在识别、评估和应对潜在的风险和不确定性，以保障供应链的稳定运行和业务持续发展。风险管理对电子商务供应链的稳定性具有重要影响，主要体现在以下几个方面。

风险管理可以帮助企业识别和评估潜在的风险因素。通过系统性的风险识别和评估，企业可以深入了解各种风险对供应链稳定性的影响程度，有针对性地制定相应的应对策略和措施。

风险管理可以帮助企业建立健全的风险防范机制。企业可以通过建立风险管理制度和流程，明确风险管理的责任和权限，建立风险监测和预警机制，及时发现和应对潜在风险，防止风险的扩大和蔓延，保障供应链的稳定运行。

风险管理还可以帮助企业加强供应链的抗风险能力。通过多种手段和方法，如保险、多元化供应商、备份计划等，企业可以降低单一风险的影响，提高供应链对风险的抵御能力，减少供应链运作的不确定性，保障供应链的稳定性和可靠性。

风险管理还可以帮助企业实现供应链的持续改进和优化。通过对风险事件的分析和总结，企业可以不断改进和完善风险管理策略和措施，提高风险应对的效率和效果，降低供应链的运营成本和风险损失，实现供应链的持续改进和优化。

风险管理对电子商务供应链的稳定性具有重要影响，可以帮助企业识别和评估潜在的风险因素，建立健全的风险防范机制，加强供应链的抗风险能力，实现供应链的持续改进和优化。因此，电子商务企业应重视风险管理，加强风险管理的实践和应用，保障供应链的稳定运行和业务持续发展。

(二)电子商务供应链中的主要风险

1. 市场风险需求不确定性、竞争压力等

电子商务供应链中存在多种风险,其中包括市场风险、需求不确定性、竞争压力等主要问题。

市场风险是电子商务供应链中的一个重要挑战。由于市场环境的不稳定性和变化性,企业往往难以准确预测市场需求和行为,从而面临着销售波动、市场竞争加剧等风险。这种不确定性会影响企业的供应链规划和库存管理,导致库存积压或断货等问题,影响企业的供应链效率和竞争力。

需求不确定性是电子商务供应链中的另一个重要风险。由于消费者需求的多样性和个性化,以及市场竞争的激烈程度,企业往往难以准确预测产品需求和销售量,从而面临着库存过剩或不足、供应链效率低下等问题。这种不确定性会影响企业的生产计划和采购策略,增加了企业的运营成本和风险。

竞争压力也是电子商务供应链中的一个重要挑战。由于市场竞争的加剧和行业门槛的降低,企业往往面临着来自各个方面的竞争压力,如价格竞争、产品质量竞争、服务水平竞争等。这种竞争压力会影响企业的市场份额和利润水平,增加了企业的经营风险和生存压力。

供应链中的合作伙伴风险也是一个需要关注的问题。由于供应链涉及多个环节和参与方,企业往往面临着来自供应商、物流公司、第三方服务提供商等方面的风险,如交货延迟、货物损坏、服务质量不佳等。这种风险会影响企业的供应链效率和客户满意度,增加了企业的运营成本和管理难度。

电子商务供应链中存在多种风险,包括市场风险、需求不确定性、竞争压力以及合作伙伴风险等问题。企业需要加强对这些风险的认识和理解,采取有效的措施和策略,加强风险管理和控制,以提高供应链的稳定性和可靠性,保障企业的持续发展和增长。

2. 物流风险交通拥堵、天气不良等

电子商务供应链面临多种风险,其中交通拥堵和天气不良是两个主要的挑战。

交通拥堵是电子商务供应链中的常见风险之一。随着电子商务业务的增长,货物运输量不断增加,加剧了交通拥堵的问题。交通拥堵导致了货物运输时间的延长和不确定性增加,影响了配送效率和客户满意度。交通拥堵还可能导致货物延迟到达,影响了供应链的稳定性和可靠性。

天气不良也是电子商务供应链中的重要风险之一。不良天气条件如暴雨、雪灾、台风等可能影响货物的配送和运输。恶劣的天气条件可能导致道路封闭、交通中断,造成货物运输延误和损坏。不良天气还可能影响仓储设施和设备的正常运作,增加了供应链管理的复杂性和成本。

供应链中的信息不对称也是一个重要的风险因素。由于信息不对称,各个参与方可能无法及时获取到准确的信息，导致了订单处理不及时、库存管理不当等问题。信息不对称还可能导致沟通不畅、协作不顺畅，进一步加剧了供应链管理的困难。

供应链中的质量问题也是一个重要的风险因素。货物在运输过程中可能遭受损坏、丢失或盗窃，影响了货物的质量和完整性。供应链中的质量问题可能导致客户投诉和退货，影响了客户满意度和企业声誉。

交通拥堵、天气不良等是电子商务供应链中的主要风险之一。企业需要采取相应的措施，如优化配送路线、加强供应链可视化和信息共享、建立应急预案等，以应对这些风险，保障供应链的稳定运作，提高效率，降低成本，提升客户满意度。

二、电子商务供应链可持续性与风险管理

（一）可持续性与风险管理的共同目标

1. 降低资源消耗与环境影响

降低资源消耗与环境影响是电子商务供应链可持续发展的重要目标之一。电子商务供应链作为一个复杂的系统，涉及到多个环节和参与方，其运作过程中消耗大量资源，并产生一定的环境影响。为了实现可持续性发展，企业需要采取一系列措施，降低资源消耗，减少环境影响。

企业可以优化物流管理，减少运输过程中的能源消耗和碳排放。通过采用高效的运输方式和路线规划，减少运输距离和时间，降低运输成本和能源消耗。企业还可以优化货物包装，减少包装材料的使用量和废弃物的产生，提高包装的可回收性和再利用率。

企业可以推动供应商采用绿色供应链管理，减少生产过程中的资源消耗和环境污染。通过建立环保标准和认证体系，引导供应商采用清洁生产技术和节能减排措施，降低生产过程中的能源消耗和排放量。企业还可以与供应商合作开展环境保护项目，共同推动绿色供应链的建设和发展。

企业可以采用可再生能源和节能设备，降低生产过程中的能源消耗和碳排放。通过建立能源管理体系和监控系统，实时监测能源使用情况，发现和纠正能源浪费和损耗，提高能源利用效率和节能减排效果。

企业可以开展环境风险评估和管理，及时识别和评估环境风险，制定相应的应对措施和应急预案，降低环境事故和污染事件的发生概率和影响程度。通过加强环境监测和数据管理，及时掌握环境变化和风险情况，做好环境风险管控工作，保障企业的可持续发展和社会责任。

降低资源消耗与环境影响是电子商务供应链可持续发展的重要目标，企业可以通过优化物流管理、推动绿色供应链、采用节能设备和可再生能源、开展环境风险管理等措施，实现可持续性发展，保护环境，促进经济社会可持续发展。

2. 提高供应链的韧性与适应能力

提高电子商务供应链的韧性与适应能力，以实现可持续发展和有效应对风险管理，是

当前电子商务企业面临的重要课题。

提高供应链的韧性需要加强对供应链网络的建设和管理。电子商务供应链往往涉及多个环节和参与方，因此，建立强大的供应链网络是提高韧性的关键。通过建立多元化的供应商网络、完善的物流配送系统和灵活的库存管理机制，可以降低单一风险对供应链的影响，增强供应链的抗风险能力。

提高供应链的韧性需要加强信息技术的应用和创新。信息技术可以帮助企业实现供应链的数字化和智能化，提高供应链流程的透明度和效率，加强对市场变化和风险事件的监测和预警，及时调整供应链策略和应对措施，提高供应链的灵活性和适应能力。

提高供应链的韧性还需要加强对人力资源和组织能力的培养和管理。人力资源是供应链的重要组成部分，员工的专业能力和团队合作能力对于提高供应链的韧性至关重要。因此，企业应加强对员工的培训和技能提升，建立灵活、高效的团队合作机制，提高员工应对风险事件和应急情况的能力。

提高供应链的韧性还需要加强与利益相关方的合作和沟通。电子商务供应链往往涉及多个利益相关方，包括供应商、物流公司、支付机构、客户等多个参与方，因此，加强与利益相关方之间的合作和沟通是提高供应链韧性的关键。通过建立开放、透明的合作机制，共享信息和资源，加强协同合作，可以提高供应链的整体效率和稳定性，应对外部环境的不确定性和风险挑战。

提高电子商务供应链的韧性与适应能力是当前电子商务企业面临的重要课题，需要加强对供应链网络的建设和管理、信息技术的应用和创新、人力资源和组织能力的培养和管理，以及与利益相关方的合作和沟通，实现供应链的可持续发展和有效应对风险管理。

（二）实现可持续性的风险管理方法

电子商务供应链的可持续性与风险管理是当今商业环境中备受关注的重要议题。绿色物流与可再生能源利用是关键的方面之一。

绿色物流是指在物流运输和仓储环节中采用环保、节能、低碳的方法和技术，减少对环境的影响。电子商务企业可以通过采用绿色包装材料、优化配送路线、提高运输效率等方式来实现绿色物流。这不仅可以减少二氧化碳排放和能源消耗，降低环境污染，还可以提升企业的社会责任形象，增强消费者对企业的信任和认可。

可再生能源利用也是电子商务供应链可持续性的重要方面。通过采用太阳能、风能等可再生能源来供应仓储和配送设施的能源需求，可以减少对化石能源的依赖，降低能源成本，减少温室气体的排放，促进环境保护和可持续发展。还可以通过建立能源管理系统和监控设施，实时监测和管理能源消耗，提高能源利用效率，降低运营成本，增强企业的竞争力。

电子商务供应链的可持续性面临着一些风险和挑战。采用绿色物流和可再生能源会增加企业的初期投资和运营成本，对企业的财务状况造成一定的压力。供应链中涉及多个环节和参与方，协调和管理起来较为复杂，可能出现环保政策的不一致性和执行困难等问题。可再生能源的不稳定性和可预测性也会影响企业的供应链运作和稳定性。

为应对这些风险和挑战，企业可以采取一系列措施和策略。建立完善的绿色物流和可再生能源利用策略，明确目标和措施，加强内部组织和管理，提高企业的环保意识和责任感。加强与供应商、物流公司、政府等各方的合作和沟通，形成联合治理和共赢共享的合作机制，共同推动绿色物流和可再生能源利用的发展。利用技术手段和创新模式，提高绿色物流和可再生能源利用的效率和可靠性，降低成本和风险。

电子商务供应链的可持续性与风险管理是企业可持续发展的关键因素之一。通过采用绿色物流和可再生能源利用的策略和措施，企业可以提高供应链的可持续性，降低环境风险，增强企业的竞争力和可信度。企业需要充分认识和理解供应链可持续性面临的风险和挑战，采取有效的措施和策略，加强风险管理和控制，实现供应链的可持续发展。

第四节　电子商务供应链管理成功案例研究

一、电子商务供应链管理成功案例的背景与关键挑战

（一）案例企业概况

某电子商务公司是一家知名的在线零售平台，成立于2008年，总部位于美国。该公司以提供各类商品的在线购物服务而闻名，涵盖电子产品、服装、家居用品等多个品类。随着电子商务的快速发展，该公司迅速成长为全球最大的在线零售平台之一，拥有数亿用户和数百万家合作商家。

在成功的背后，该公司面临着诸多关键挑战。随着业务规模的扩大和用户量的增加，该公司面临着巨大的技术挑战。由于网站访问量巨大，系统稳定性和性能成为关键问题，需要投入大量的技术人员和资源来进行系统优化和升级。市场竞争激烈，该公司需要不断创新和改进，以保持竞争优势。与此该公司还需要应对不断变化的市场需求和消费者偏好，提供个性化的产品和服务，满足用户的需求。

供应链管理也是该公司面临的重要挑战之一。随着业务规模的扩大，供应链变得更加复杂，涉及到多个环节和参与方，如供应商、制造商、物流公司等。供应链中可能存在的问题包括供应商违约、物流延误、库存积压等，这些问题可能导致产品的缺货或过剩，影响销售和客户满意度。因此，该公司需要建立健全的供应链管理体系，加强与供应商和物流合作伙伴的沟通和协作，优化供应链流程，提高供应链的可靠性和响应速度。

该电子商务公司作为一家知名的在线零售平台，取得了巨大的成功，但也面临着诸多关键挑战。技术挑战、市场竞争和供应链管理是其面临的主要挑战之一，需要公司全体员工共同努力，不断创新和改进，保持竞争优势，实现可持续发展。

(二) 案例企业面临的关键挑战

1. 需求波动与市场竞争压力

需求波动与市场竞争压力是电子商务企业面临的两大重要挑战。需求波动指的是市场需求的不稳定性和不可预测性，随着消费者购买行为和偏好的变化而发生波动。市场竞争压力则是由于电子商务市场竞争激烈，企业面临来自同行业竞争对手和传统零售商的竞争压力。以下是一些电子商务成功案例的背景和关键挑战。

以阿里巴巴为例，阿里巴巴是中国最大的电子商务平台之一，成功地实现了从小型创业公司到全球巨头的转变。阿里巴巴的背景是中国庞大的市场和快速发展的电子商务行业，而其成功的关键挑战之一是应对市场需求的波动和竞争对手的激烈竞争压力。阿里巴巴通过创新的商业模式和技术平台，不断提升产品品质和服务水平，以满足消费者不断变化的需求，保持竞争优势。

以亚马逊为例，亚马逊是全球最大的电子商务公司之一，成功地打造了一个覆盖多个国家和地区的电子商务帝国。亚马逊的背景是全球化市场和日益增长的在线购物趋势，而其成功的关键挑战之一是应对快速变化的市场需求和竞争对手的激烈竞争压力。亚马逊通过持续投入研发和创新，提升产品和服务的品质，优化供应链和物流体系，以及扩大产品品类和市场覆盖，不断巩固其在电子商务行业的领先地位。

以京东为例，京东是中国领先的综合性电子商务平台之一，成功地实现了从电商企业到科技创新公司的转型。京东的背景是中国快速发展的电子商务市场和科技创新的助推，而其成功的关键挑战之一是应对市场需求的快速变化和竞争对手的激烈竞争压力。京东通过不断推进技术创新和业务转型，提升产品和服务的品质，加强品牌建设和用户体验，以及优化供应链和物流体系，成功地实现了企业的转型升级和业务的持续增长。

电子商务成功案例的背景通常是快速发展的电子商务市场和日益增长的在线购物趋势，而其关键挑战之一是应对市场需求的波动和竞争对手的激烈竞争压力。电子商务企业通过创新的商业模式和技术平台，持续提升产品和服务的品质，优化供应链和物流体系，加强品牌建设和用户体验，不断应对挑战，保持竞争优势，实现企业的成功和持续发展。

2. 库存管理与供应链可视性

电子商务成功案例提供了深刻的见解，揭示了库存管理和供应链可视性的重要性以及相关挑战。

一个成功的案例是亚马逊。作为全球最大的电子商务平台之一，亚马逊致力于优化库存管理和供应链可视性。其背后的关键是强大的数据分析和技术平台，通过实时监控和分析销售数据、库存水平和市场趋势，亚马逊可以实现准确的需求预测和优化的库存管理。亚马逊还建立了高效的物流网络和仓储系统，实现了订单的快速处理和配送，提高了客户的满意度和忠诚度。

电子商务中的库存管理和供应链可视性也面临着一些挑战。需求不确定性是一个主要的挑战。由于市场需求的不稳定性和变化性，企业往往难以准确预测产品需求，导致库存积压或不足的问题。供应链中的信息不对称和信息孤岛也是一个挑战。由于涉及多个环节和参与方，企业往往难以实时获取和共享供应链的信息，导致决策和执行效率低下。

物流配送环节的不确定性和复杂性也是一个挑战。由于涉及到多个环节和参与方，物流配送往往面临着交通拥堵、天气影响等问题，导致配送延迟和客户投诉的增加。库存管理和供应链可视性的技术实现和成本也是一个挑战。虽然有许多先进的技术和工具可以帮助企业实现库存管理和供应链可视性，但其实施和运营成本较高，对企业的财务状况造成一定压力。

为解决这些挑战，企业可以采取一系列措施和策略。加强数据分析和技术投入，提高需求预测和库存管理的准确性和精度。加强与供应商、物流公司等合作伙伴的沟通和协作，建立共享信息平台和共同协作机制，实现供应链的信息共享和协同管理。优化物流配送网络和路线，采用智能化的配送工具和技术，提高配送效率和客户满意度。

电子商务中的库存管理和供应链可视性是企业成功的关键因素之一。通过借鉴成功案例的经验和教训，加强对需求预测和库存管理的技术投入，加强与合作伙伴的沟通和协作，优化物流配送网络和技术，企业可以实现库存管理和供应链可视性的持续改进和优化，提高企业的竞争力和市场地位。

二、电子商务供应链管理成功案例的研究总结

（一）成功案例的经验总结

1. 关键策略与实践经验的成功之道

研究电子商务供应链管理成功案例，揭示了关键策略和实践经验，可谓是洞察行业发展的重要途径。一些典型案例彰显出了成功之道，指引着其他企业迈向成功的道路。

优化供应链流程是关键之一。以亚马逊为例，其成功的供应链管理主要归功于其高度优化的供应链流程。亚马逊采用了先进的物联网技术和大数据分析，实现了对供应链各个环节的实时监控和管理。亚马逊还实现了对供应商的高度标准化和规范化管理，确保了供应链的高效运作和品质保障。

建立强大的合作伙伴关系也是电子商务供应链管理成功的关键之一。以阿里巴巴为例，其成功的供应链管理得益于其与供应商、物流公司和支付机构等合作伙伴之间的紧密合作。阿里巴巴通过建立起高效的合作伙伴关系，实现了对供应链的高效管理和资源共享，从而提高了供应链的整体运作效率和竞争力。

积极创新是电子商务供应链管理成功的重要因素之一。以京东为例，其成功的供应链管理得益于其不断推进的技术创新和业务模式创新。京东通过不断引入新技术、新业务模式和新服务，不断优化和提升供应链管理的效率和质量，从而实现了对供应链的持续改进和提升。

注重客户体验也是电子商务供应链管理成功的关键之一。以苏宁为例，其成功的供应链管理主要得益于其对客户需求和体验的高度重视。苏宁通过建立起完善的客户服务体系

和售后服务体系，提供了高品质的产品和优质的服务，赢得了客户的信赖和支持，从而提高了供应链管理的效率和客户满意度。

研究电子商务供应链管理成功案例，可以发现一些关键策略和实践经验，指引着其他企业在电子商务领域取得成功。优化供应链流程、建立强大的合作伙伴关系、积极创新和注重客户体验等策略和实践经验，为企业成功实现电子商务供应链管理提供了重要启示和借鉴。

2. 淘宝在电子商务供应链管理中的创新与突破

淘宝在电子商务供应链管理方面展现了许多创新和突破，为业界树立了榜样，促进了供应链管理的发展。其成功案例不仅是淘宝自身的成就，也为整个电子商务行业提供了宝贵经验。

淘宝的供应链管理创新主要体现在以下几个方面。首先是供应链的数字化和智能化。淘宝通过建立信息化系统和平台，实现了对供应链流程的数字化管理，包括订单管理、库存管理、物流配送等方面。通过数据采集和分析，淘宝能够实时监控供应链运作情况，及时发现和解决问题，提高供应链的效率和可靠性。

其次是供应链的透明化和协同化。淘宝建立了开放的供应链平台，与各类供应商和合作伙伴建立合作关系，共享信息和资源，实现供应链环节的协同合作。通过供应链平台，淘宝能够实现对供应链各环节的实时监控和管理，提高供应链的透明度和协同效率，降低运营成本和风险。

另外是供应链的定制化和个性化。淘宝通过分析用户行为和偏好数据，提供个性化的产品和服务，满足用户的个性化需求。通过个性化定制，淘宝能够提高产品的销售量和客户满意度，增强市场竞争力。

最后是供应链的创新和持续改进。淘宝不断推动供应链管理的创新和持续改进，不断引入新技术和新模式，提升供应链的效率和竞争力。通过不断创新，淘宝能够应对市场变化和竞争压力，保持竞争优势，实现业务的持续增长。

淘宝在电子商务供应链管理方面展现了许多创新和突破，包括供应链的数字化和智能化、透明化和协同化、定制化和个性化，以及创新和持续改进。淘宝的成功案例为电子商务供应链管理提供了宝贵经验，为整个电子商务行业的发展和提升竞争力作出了积极贡献。

(二) 未来发展趋势与展望

1. 新技术与趋势对电子商务供应链管理的影响

新技术与趋势对电子商务供应链管理产生了深远影响。成功案例研究为我们提供了宝贵经验，揭示了这些技术和趋势如何改变了供应链管理的面貌。

物联网技术的发展为电子商务供应链管理带来了新的机遇。物联网技术可以实现对物品的实时监测和追踪，帮助企业了解产品在供应链中的位置和状态，提高供应链的可视性和透明度。亚马逊的物联网技术在仓储管理中的应用，可以实时监测和管理库存水平，提高了库存管理的效率和精度，减少了库存成本和风险。

人工智能和大数据分析技术的发展为电子商务供应链管理提供了新的思路和方法。通过利用人工智能和大数据分析技术，企业可以实现对大规模数据的分析和挖掘，发现隐藏在数据背后的规律和趋势，提高需求预测和库存优化的准确性和精度。阿里巴巴利用人工智能和大数据分析技术，实现了对用户行为和偏好的分析，优化了产品推荐和营销策略，提高了销售效率和客户满意度。

移动互联网和社交媒体的普及也为电子商务供应链管理带来了新的挑战和机遇。通过移动互联网和社交媒体平台，企业可以与客户实现更加直接和实时的沟通和交流，了解客户的需求和反馈，及时调整产品和服务，提高客户满意度和忠诚度。京东利用移动互联网和社交媒体平台，实现了对客户的精准定位和个性化推荐，提高了销售效率和客户体验。

新技术和趋势对电子商务供应链管理产生了深远影响。通过物联网技术的应用，提高了供应链的可视性和透明度；通过人工智能和大数据分析技术的应用，优化了供应链的运作和管理；通过移动互联网和社交媒体的普及，提高了客户的参与度和满意度。

2. 电子商务供应链管理的未来发展方向

电子商务供应链管理在未来的发展中将呈现出几个重要的方向。通过研究成功的电子商务供应链管理案例，可以发现一些关键的经验和策略，指引着未来的发展方向。

数字化转型和智能化是电子商务供应链管理未来发展的重要方向之一。随着信息技术的不断发展和普及，电子商务企业将更加关注数字化转型和智能化技术的应用。通过引入物联网、人工智能、大数据等先进技术，电子商务企业可以实现对供应链的数字化管理和智能化运营，提高供应链的效率和灵活性。

可持续发展和绿色物流将成为电子商务供应链管理的重要发展方向。随着社会对环境保护和可持续发展的重视程度不断提高，电子商务企业将更加关注供应链的环保和可持续性。通过引入新能源技术、绿色物流技术等手段，电子商务企业可以降低供应链的碳排放和环境影响，实现对供应链的绿色可持续发展。

智能物流和无人化仓储将成为电子商务供应链管理的重要发展方向。随着无人化技术和智能物流技术的不断成熟和普及，电子商务企业将更加关注智能化仓储和物流技术的应用。通过引入自动化设备、无人机、机器人等技术，电子商务企业可以实现对仓储和物流的智能化管理和无人化运作，提高供应链的效率和可靠性。

跨界合作和生态共建将成为电子商务供应链管理的重要发展方向。随着电子商务行业的不断发展和竞争加剧，电子商务企业将更加重视跨界合作和生态共建。通过与供应商、物流公司、支付机构、社会组织等合作伙伴的紧密合作，电子商务企业可以实现资源共享和优势互补，促进供应链管理的协同发展和生态共建。

电子商务供应链管理在未来的发展中将呈现出数字化转型和智能化、可持续发展和绿色物流、智能物流和无人化仓储、跨界合作和生态共建等几个重要的发展方向。通过不断探索和实践，电子商务企业可以实现供应链管理的持续改进和优化，提高供应链的效率和竞争力，实现可持续发展和长期稳定发展。

第四章　电子商务物流的全球化与国际化

第一节　跨境电子商务物流的挑战与机遇

一、跨境电子商务物流的挑战

(一) 关税与进口限制

1. 不同国家/地区的关税政策差异

不同国家或地区的关税政策差异是跨境电子商务物流面临的重要挑战之一。关税是国家对进口商品征收的税费，不同国家或地区的关税政策存在较大差异，包括税率高低、税则分类、免税额度等方面。这种差异性导致了跨境电子商务物流过程中的复杂性和不确定性。

关税税率的差异影响了跨境电子商务商品的价格和竞争力。一些国家或地区对某些商品征收较高的进口关税，导致商品价格上涨，影响了跨境电商的市场竞争力。而另一些国家或地区可能实行较低的进口关税政策，促进了跨境电商的发展和竞争优势。

关税税则分类的差异增加了跨境电商商品的申报和清关难度。不同国家或地区对同一种商品可能采用不同的税则分类标准，导致商品的分类和申报存在差异，增加了清关的不确定性和复杂性。而且，由于跨境电商商品种类繁多，税则分类的不一致性可能导致商品被误认为违禁品或高税率商品，增加了清关的风险和成本。

关税免税额度的差异也影响了跨境电子商务物流的运营成本和效率。一些国家或地区对个人跨境购物实行较高的免税额度，减少了个人消费者的购物成本，促进了跨境电商的发展。而另一些国家或地区可能实行较低的免税额度，增加了个人消费者的购物成本，影响了跨境电商的市场需求。

2. 进口限制对物流速度与成本的影响

进口限制对物流速度与成本的影响显而易见。跨境电子商务物流在面对进口限制时，常常面临物流速度变慢、成本增加等挑战。进口限制可能包括关税、进口配额、报关手续等措施，这些限制增加了跨境电子商务物流的复杂性和成本，影响了物流速度与成本。

进口限制导致物流速度变慢。由于进口限制增加了物流环节中的复杂性，如报关手续、商品检验等，使得货物通关时间延长，导致物流速度变慢。货物通关时间的延长不仅增加了货物在途时间，也增加了交易周期，影响了跨境电子商务物流的快速流转。

进口限制增加了物流成本。进口限制引入了额外的费用，如关税、进口税、报关费等，这些费用增加了跨境电子商务物流的成本。由于货物通关时间延长，物流周期增加，也增加了仓储、运输等环节的成本。这些额外成本最终会转嫁到商品价格上，影响消费者的购买决策，降低企业的竞争力。

除了进口限制，跨境电子商务物流还面临着一系列挑战。首先是海关检验与清关手续。不同国家的海关规定和报关手续各不相同，导致跨境物流过程中需要花费大量时间和精力来处理这些手续，影响物流速度。其次是国际物流配送的不确定性。国际物流涉及多个环节和参与方，如国际航运、跨境运输等，其中的不确定性因素较多，如天气、交通、海关检查等，使得物流配送过程不稳定，影响了物流速度和可靠性。

跨境电子商务物流还面临着货物丢失、损坏、延迟等风险。由于国际物流涉及长途运输和多个环节，货物在运输过程中容易受到损坏或丢失，而且因为跨境运输的复杂性，一旦出现问题，解决起来往往更加困难，影响了物流速度和成本。

进口限制对物流速度与成本的影响是显而易见的，它增加了物流环节的复杂性和成本，导致物流速度变慢、成本增加。与此跨境电子商务物流还面临着海关检验与清关手续、国际物流配送的不确定性、货物丢失、损坏、延迟等挑战，这些挑战使得跨境电子商务物流更加复杂和困难。因此，跨境电子商务企业需要面对这些挑战，寻求解决方案，以提高物流效率、降低成本，增强竞争力。

（二）海关与清关流程

1. 跨境电商企业如何应对复杂的海关流程

跨境电商企业面临着复杂的海关流程和物流挑战，需要采取一系列策略来有效应对。

了解目标市场的海关法规和流程是至关重要的。不同国家和地区的海关法规和流程可能存在差异，企业需要深入研究目标市场的相关法规和流程，了解进出口手续和要求，确保合规运营。这需要企业建立专业的海关团队或与专业顾问合作，及时了解并遵守各国海关的规定。

建立高效的海关申报和清关流程是关键。企业可以利用先进的电子化海关申报系统，实现快速、准确地提交报关资料，提高通关效率。建立和海关的紧密合作关系，积极沟通和协商，加快清关速度，降低物流成本。采用跨境电商平台提供的一站式服务，整合海关申报、物流配送等环节，简化流程，提高效率。

应对跨境电子商务物流的挑战需要企业采取灵活多样的物流策略。由于跨境电商业务的复杂性和不确定性，企业需要根据产品特性、目标市场和季节变化等因素，灵活选择合适的物流方案。可以考虑利用多式联运、空运、海运等多种运输方式，根据实际情况进行组合和调整，以降低物流成本和风险，提高物流效率和服务水平。

加强与物流服务提供商和供应链合作伙伴的合作与协调也是应对跨境电子商务物流挑战的重要策略。企业可以选择与有经验的物流服务提供商合作，利用其专业化的物流网络和资源，提供定制化的物流解决方案，满足不同需求。加强与供应链合作伙伴的沟通和协作，共同应对物流中的各种挑战和问题，实现供应链的优化和协同管理。

跨境电商企业应对复杂的海关流程和物流挑战需要采取一系列策略，包括了解目标市场的海关法规和流程、建立高效的海关申报和清关流程、灵活多样的物流策略以及加强与物流服务提供商和供应链合作伙伴的合作与协调。只有如此，企业才能顺利应对跨境电商业务的挑战，实现持续发展和增长。

2. 清关过程中的文档准备与审核

跨境电子商务物流涉及清关过程中的文档准备与审核，面临诸多挑战。在进行清关过程时，必须准备并提交各种文档，以便海关进行审核和批准。这些文件可能包括货物清单、发票、运输文件、证书和许可证等。货物清单详细列出了货物的名称、数量、价值和规格等信息，发票则包含了货物的价格和付款方式等信息。运输文件则记录了货物的运输路线和运输方式等信息，证书和许可证则是某些特殊商品需要的额外文件，用于证明商品的合法性和符合性。

在文档准备过程中，企业必须确保所有文件的准确性和完整性，以确保海关的顺利通关。还需要根据目的地国家和地区的要求，提供相应的特殊文件和证书，以满足其进口要求。某些国家和地区对进口食品、化妆品和药品等特殊商品有特殊的要求，企业必须提供相应的检验证书和许可证等。

在提交文档后，海关将对文档进行审核。海关主要关注的是货物的合法性和安全性，以及是否符合进口国家和地区的相关法律法规和标准。在审核过程中，海关可能会要求企业提供进一步的信息和证明，以便核实货物的合法性和符合性。如果发现问题或疑点，海关可能会暂时扣留货物，并要求企业提供进一步的解释和证明。

跨境电子商务物流面临的挑战主要包括以下几个方面。不同国家和地区的进口法规和标准存在差异，导致企业需要针对不同的目的地国家和地区准备不同的文档和证书，增加了物流成本和运营复杂性。一些国家和地区对特殊商品有特殊的进口要求，例如食品、化妆品和药品等，需要提供额外的检验证书和许可证，增加了物流风险和审核难度。一些国家和地区对进口商品的关税和税率存在差异，企业需要考虑这些因素对商品成本和价格的影响，以保持竞争力和利润率。

因此，企业必须根据不同国家和地区的进口法规和标准，准备相应的文件和证书，并确保其准确性和完整性。海关将对提交的文档进行审核，以确保货物的合法性和安全性。不同国家和地区的进口法规和标准存在差异，企业需要针对这些差异制定相应的物流策略和方案，以应对跨境电子商务物流的挑战。

二、跨境电子商务物流的机遇

（一）市场扩张与国际化发展

1. 跨境电子商务带来的全球市场机遇

跨境电子商务的迅速发展为企业带来了全球市场的新机遇。跨境电子商务打破了地域限制，为企业提供了进入全球市场的便利渠道。企业可以通过互联网平台搭建线上商店，将产品推广至全球消费者，实现全球销售和市场拓展。这种无国界的销售模式为企业带来了更广阔的发展空间和机会。

跨境电子商务降低了国际贸易的成本和风险，提高了企业的竞争力。传统的国际贸易往往需要耗费大量时间和金钱，涉及到海关申报、清关手续、物流运输等繁琐程序，而跨境电子商务通过数字化平台和在线支付系统，简化了贸易流程，降低了交易成本和风险，提高了贸易效率和速度，增强了企业的市场竞争力。

跨境电子商务为企业提供了直接接触全球消费者的机会，帮助企业更好地了解市场需求和消费者偏好。通过在线平台的数据分析和市场调研，企业可以及时掌握市场趋势和竞争动态，调整产品定位和营销策略，满足消费者需求，提高产品的市场适应性和竞争优势。

跨境电子商务促进了全球物流和供应链的发展，为物流行业带来了新的发展机遇。随着跨境电商的兴起，物流需求不断增加，物流服务商不断创新和改进服务模式，提高物流效率和服务质量，满足企业和消费者的需求，推动了全球物流产业链的升级和优化。

跨境电子商务为企业带来了全球市场的新机遇，打破了地域限制，降低了贸易成本和风险，提高了竞争力，促进了市场开拓和产品创新。企业应积极把握跨境电商带来的机遇，加强跨境合作和创新，实现全球化发展和可持续经营。

2. 通过跨境物流拓展市场的策略与实践

跨境电子商务企业通过跨境物流拓展市场是一种有效的策略与实践。跨境电子商务物流的机遇主要体现在以下几个方面。

跨境物流拓展市场能够开拓新的消费市场。通过跨境物流，企业可以将产品销售到全球范围内的市场，充分利用全球化的市场机会，开拓新的消费市场，实现业务的跨越式增长。跨境电子商务企业可以通过建立国际化的品牌形象、提供符合不同国家和地区需求的产品和服务，吸引更多的国际消费者，实现销售额的增加和市场份额的扩大。

跨境物流拓展市场能够提升产品竞争力。通过跨境物流，企业可以引入国外优质产品，丰富产品线，提高产品品质和品牌知名度，增强产品竞争力。跨境电子商务企业可以通过加强供应链管理和物流配送，提高产品的交付速度和服务质量，提升用户体验，树立良好的品牌形象，进而增强产品竞争力。

跨境物流拓展市场能够降低企业的运营成本。通过跨境物流，企业可以实现全球采购、全球仓储、全球配送，优化资源配置，降低采购成本、仓储成本和运输成本，提高企业的盈利能力。跨境物流还可以降低产品价格，提高产品的市场竞争力，吸引更多消费者购买，实现销售量的增加和业务规模的扩大。

跨境物流拓展市场能够促进产业升级和经济发展。通过跨境物流，企业可以引进先进的生产技术和管理经验，推动产业升级和转型升级，提高企业的竞争力和核心竞争力，促进经济的持续健康发展。跨境电子商务企业的发展还能够带动相关产业链和价值链的发展，促进就业增长和经济增长。

跨境物流拓展市场是一种有效的策略与实践，能够开拓新的消费市场、提升产品竞争力、降低企业的运营成本、促进产业升级和经济发展。跨境电子商务企业应抓住这一机遇，积极拓展跨境市场，不断提升自身实力，实现可持续发展。

(二) 新技术与创新解决方案

1. 物流科技的发展与跨境物流创新

物流科技的迅速发展为跨境电子商务物流带来了前所未有的机遇。新技术的不断涌现，如物联网、人工智能、大数据分析等，为跨境物流提供了创新的可能性。物联网技术的应用可以实现对货物的实时监测和追踪，提高了货物的安全性和可追溯性，降低了物流风险和成本。人工智能和大数据分析技术的应用可以实现对市场需求和供应链运作的实时分析和预测，优化了供应链管理和运作效率。无人机和无人车等新型物流技术的应用也为跨境电子商务物流带来了新的可能性，实现了对偏远地区的快速配送和服务。

跨境电子商务物流创新的另一个重要方面是智能化物流仓储系统的建设。通过利用机器人、自动化货架等智能设备，实现仓储设施的智能化和自动化，提高了仓储效率和利用率，降低了人力成本和仓储风险。通过引入云计算和物联网技术，实现仓储数据的实时监控和管理，提高了仓储信息的准确性和及时性，优化了仓储布局和货物管理。

跨境电子商务物流还面临着一系列机遇。随着全球市场的进一步开放和贸易壁垒的降低，跨境电子商务市场将迎来更大的发展机遇。企业可以利用互联网和电子商务平台，拓展海外市场，开拓新的业务增长点。随着消费者对品质和服务的要求不断提高，提供高品质、高效率的跨境电子商务物流服务将成为企业竞争的关键。通过加强与物流服务提供商和供应链合作伙伴的合作，提供定制化的物流解决方案，满足不同需求，企业可以实现跨境电子商务物流市场的进一步发展和壮大。

物流科技的发展为跨境电子商务物流带来了前所未有的机遇。新技术的应用，智能化物流仓储系统的建设，以及全球市场的开放和消费者需求的提高，都为跨境电子商务物流市场的发展和壮大提供了有力支撑。企业应积极抓住机遇，加强技术创新和合作伙伴合作，提升服务质量和竞争力，实现跨境电子商务物流的可持续发展。

2. 人工智能与大数据在跨境物流中的应用

跨境电子商务物流面临的机遇在于人工智能与大数据技术的广泛应用。这些先进技术为跨境物流提供了新的发展机遇，使物流过程更加高效、智能和可靠。

人工智能在跨境物流中的应用为企业提供了更智能化的物流解决方案。通过人工智能技术，企业可以实现对供应链的智能规划和优化，提高货物的运输效率和准时率。智能路线规划系统可以根据实时交通情况和货物属性，自动优化货物的运输路线和方式，以避开拥堵和避险区域，提高货物的运输效率和安全性。

大数据技术在跨境电子商务物流中的应用为企业提供了更精准的数据分析和预测能力。通过大数据分析技术，企业可以实现对供应链中各个环节的数据收集和分析，发现潜在的问题和机会,提高供应链的运作效率和可靠性。基于大数据分析的需求预测系统可以根据历史数据和市场趋势,预测未来的需求变化,帮助企业做出更准确的采购和库存规划,避免库存积压和缺货现象。

人工智能和大数据技术还可以帮助企业提高跨境物流的安全性和可追溯性。通过人工智能技术,企业可以实现对货物运输过程中的风险识别和预警,及时应对各种突发情况,保障货物的安全运输。大数据技术可以帮助企业实现对货物运输过程中的实时监控和追踪,确保货物的安全和可追溯性,提高货物的运输质量和信誉度。

人工智能与大数据技术在跨境电子商务物流中的应用为企业提供了新的发展机遇。这些先进技术可以帮助企业实现对供应链的智能化规划和优化,提高运输效率和准时率。人工智能和大数据技术还可以帮助企业实现对跨境物流的精准数据分析和预测,提高供应链的运作效率和可靠性。人工智能和大数据技术还可以帮助企业提高跨境物流的安全性和可追溯性,保障货物的安全运输,提高企业的竞争力和信誉度。

第二节 国际供应链管理的复杂性

一、国际电子商务供应链管理的复杂性

(一)跨国法律与法规

1. 跨境交易中的合同与知识产权保护

跨境交易中的合同与知识产权保护是国际电子商务供应链管理面临的重要问题。合同在跨境交易中起着关键作用,它是买卖双方约定权利义务的法律文件,规范了交易的各项细节,保障了交易的合法性和有效性。在国际电子商务中,由于涉及到不同国家或地区的法律和文化差异,合同的签订和执行存在一定的挑战。需要企业了解和遵守不同国家或地区的法律法规和合同条款,确保合同的合法性和有效性;需要加强与合作伙伴的沟通和协商,建立互信机制,及时解决合同执行过程中的问题和纠纷,保障交易的顺利进行。

知识产权保护是国际电子商务供应链管理的另一个重要问题。知识产权包括专利权、商标权、著作权等,它是企业创新和竞争力的重要保障。在国际电子商务中,知识产权的保护面临着多方面的挑战,包括侵权盗版、假冒伪劣、知识产权纠纷等。企业需要重视知识产权的登记和申请,提高知识产权的法律保护力度;需要加强监管和执法,打击侵权盗版行为,保护企业的合法权益。

国际电子商务供应链管理的复杂性主要体现在以下几个方面。供应链涉及到多个环节和参与方,包括供应商、制造商、物流公司、分销商等,涉及到多个国家或地区的法律、文化和语言差异,导致了供应链的复杂性和不确定性。国际贸易中可能存在的政策变化、汇率波动、关税调整等因素也增加了供应链管理的不确定性和风险。

跨境交易中的合同与知识产权保护是国际电子商务供应链管理面临的重要问题,企业

需要加强与合作伙伴的沟通和合作，建立互信机制，保障交易的顺利进行。企业还需要加强知识产权的保护，增强法律意识和风险防范意识，保护企业的合法权益。国际电子商务供应链管理的复杂性需要企业不断创新和改进管理方式，提高供应链的透明度和灵活性，提升供应链管理水平，实现企业的可持续发展。

2. 个人数据保护与隐私法规的遵守

个人数据保护与隐私法规的遵守是国际电子商务供应链管理面临的一项重要挑战。随着电子商务的迅速发展和普及，个人数据保护和隐私保护越来越受到关注，各国纷纷出台了相应的法规和规定，要求企业在处理个人数据时必须遵守相关法律法规，保护用户的个人数据和隐私权。国际电子商务供应链管理面临着诸多复杂性，包括跨境数据流动、不同国家法律法规的差异、合规风险等方面的挑战。

跨境数据流动是国际电子商务供应链管理面临的一大挑战。由于电子商务的跨境性质，企业在处理个人数据时经常需要跨越国界进行数据流动，而不同国家对于个人数据保护和隐私保护的法规和标准各不相同，存在着差异性和冲突性。因此，企业需要同时遵守不同国家的法律法规，确保在跨境数据流动过程中不违反任何国家的法律法规，这增加了企业的合规成本和风险。

不同国家法律法规的差异也增加了国际电子商务供应链管理的复杂性。各个国家对于个人数据保护和隐私保护的要求各不相同，涉及到的内容包括数据收集、存储、处理、传输、共享等方面，法规内容和标准差异较大。因此，企业在开展国际电子商务供应链管理时需要了解并遵守各个国家的法律法规，确保业务操作的合法性和合规性。

合规风险也是国际电子商务供应链管理面临的重要挑战。个人数据保护和隐私保护是一个持续发展的领域，法规和标准经常发生变化和更新，企业需要不断关注和调整自身的业务操作，以确保与最新的法规和标准保持一致。个人数据泄露、滥用等问题也时有发生，一旦发生数据安全事件，企业可能面临严重的法律责任和商业损失，影响企业的声誉和信誉。

国际电子商务供应链管理面临着个人数据保护与隐私法规的遵守这一重要挑战。跨境数据流动、不同国家法律法规的差异、合规风险等方面的复杂性使得企业在处理个人数据时面临着诸多挑战。为了应对这些挑战，企业需要加强法律法规的了解和遵守，建立健全的数据保护和隐私保护机制，确保个人数据的安全和合法使用，保障用户的个人数据和隐私权。

(二) 文化与语言差异

1. 跨文化交流与沟通的挑战

跨文化交流与沟通的挑战是国际电子商务供应链管理面临的重要问题之一。由于国际电子商务涉及多个国家和地区的合作伙伴，企业需要面对不同文化背景、语言习惯和沟通方式等方面的差异，这给供应链管理带来了复杂性和挑战。

语言障碍是跨文化交流与沟通的主要挑战之一。由于涉及多种语言和方言，企业往往难以实现有效的沟通和协作。语言的差异可能导致信息传递的不准确和误解，影响供应链的运作和效率。因此，企业需要采取措施，如利用翻译工具、雇佣多语言人才或培训员工语言能力等，提高跨文化交流与沟通的效率和准确性。

文化差异也是一个重要的挑战。不同国家和地区的文化背景、价值观和行为习惯可能存在差异，影响着人们的沟通方式和合作方式。

2. 文化差异对供应链协同与合作的影响

文化差异是国际电子商务供应链管理中一个重要而复杂的因素。不同国家和地区的文化背景、价值观念和工作习惯等差异会对供应链协同与合作产生深远影响，增加了国际电子商务供应链管理的复杂性。

文化差异对供应链协同和合作的影响体现在沟通和协调方面。由于不同国家和地区的文化背景和语言习惯不同，可能会导致沟通障碍和误解。一些国家和地区可能更注重正式的书面沟通，而另一些国家和地区则更注重口头沟通和面对面的交流。这种文化差异可能导致信息传递不畅、沟通效率低下，影响供应链的协同和合作。

文化差异还会影响到供应链成员之间的合作态度和信任程度。不同文化背景和价值观念的人可能对合作关系有不同的理解和期待。一些文化背景下的人可能更注重个人主义和自我利益，而另一些文化背景下的人则更注重集体主义和团队合作。这种文化差异可能导致供应链成员之间的合作态度不一，信任程度低，影响供应链的稳定性和可靠性。

文化差异还会影响到供应链成员之间的决策和行为方式。不同文化背景和价值观念的人可能会对同样的问题有不同的看法和做法。一些文化背景下的人可能更注重长期利益和稳定性，而另一些文化背景下的人则更注重短期利益和灵活性。这种文化差异可能导致供应链成员之间的决策不一，行为方式不同，影响供应链的协同和合作。

文化差异对国际电子商务供应链管理产生了深远影响，增加了其复杂性。要应对文化差异带来的挑战，企业需要重视跨文化沟通和协调能力的培养，加强供应链成员之间的信任和合作关系，以及灵活调整供应链管理策略和方式，以适应不同文化背景和价值观念的需求。只有通过有效地处理文化差异，才能实现供应链的协同和合作，提高供应链的效率和竞争力。

二、国际电子商务供应链管理的应对策略

（一）人工智能与机器学习在国际电子商务供应链中的应用

人工智能与机器学习在国际电子商务供应链中的应用为供应链管理带来了革命性的变革。人工智能技术可以通过数据挖掘和分析，实现对供应链数据的智能化处理和利用，提高供应链的运作效率和精准度。通过人工智能技术对销售数据、库存数据和需求数据进行分析，可以预测销售趋势和需求变化，帮助企业合理安排生产计划和库存管理，降低库存成本和销售风险。

人工智能技术还可以实现供应链的智能化调度和优化。通过人工智能算法和模型，可

以实现对供应链运输路线和物流节点的优化和调度，提高物流效率和服务水平。利用人工智能技术对物流运输路线进行优化，可以减少运输时间和成本，提高物流配送效率和客户满意度。

人工智能技术还可以实现供应链的智能化风险管理和预警。通过对供应链各个环节的数据进行实时监测和分析，可以发现和预警潜在的风险和问题，及时采取应对措施，降低风险发生的概率和影响程度。利用人工智能技术对供应商的信用评估和供应链的风险识别，可以提前预警供应商违约和供应链中断等问题，保障供应链的稳定运作。

针对国际电子商务供应链管理面临的挑战，企业可以采取一系列应对策略。企业可以加强与供应商和物流合作伙伴的合作与沟通，建立互信关系，实现信息共享和资源整合，提高供应链的协同能力和反应速度。企业可以加强技术投入和人才培养，提升供应链管理水平和技术能力，适应市场变化和竞争挑战。企业还可以加强风险管理和预警机制，建立完善的供应链风险管理体系，提前预警潜在的风险和问题，降低风险发生的概率和影响程度。

人工智能与机器学习在国际电子商务供应链中的应用为供应链管理带来了革命性的变革，提高了供应链的运作效率和精准度，降低了风险发生的概率和影响程度。针对供应链管理面临的挑战，企业可以采取一系列应对策略，加强与合作伙伴的合作与沟通，提升技术能力和人才素质，加强风险管理和预警机制，实现供应链的持续改进和优化。

（二）全球化战略与市场拓展

1. 国际化市场开拓与品牌推广策略

国际化市场开拓与品牌推广是国际电子商务供应链管理的关键策略之一。国际电子商务企业要在全球范围内开拓市场和推广品牌，需要制定相应的应对策略，以应对市场挑战和提升竞争力。

国际化市场开拓需要制定合适的市场定位和目标市场策略。企业需要了解目标市场的消费习惯、文化背景、法律法规等方面的特点，精准定位目标市场，制定符合当地需求的产品和服务，满足消费者的个性化需求，提升市场竞争力。企业还需要选择合适的市场进入方式，包括直接进入、合资合作、代理分销等方式，以实现快速扩张和市场占有率的提升。

品牌推广是国际化市场开拓的重要环节。企业需要通过多种渠道和方式进行品牌推广，包括线上渠道如社交媒体、搜索引擎营销、电子邮件营销等，以及线下渠道如展会、活动、门店等。通过巧妙的品牌故事、精彩的广告宣传、优质的产品体验等方式，提升品牌知名度和美誉度，吸引更多消费者的关注和购买。

国际电子商务供应链管理需要加强供应链网络的建设和管理。国际化市场开拓意味着跨境物流、供应链管理的复杂性增加，企业需要建立全球化的供应链网络，寻找合适的供应商和合作伙伴，建立稳定、高效的供应链体系，确保产品的及时供应和交付，提升客户满意度和忠诚度。

国际电子商务供应链管理还需要加强信息技术的应用和创新。信息技术是国际电子商务供应链管理的重要支撑,包括物流信息系统、供应链管理系统、数据分析平台等,通过信息技术的应用和创新,企业能够实现供应链的数字化、智能化,提升供应链的效率和可靠性,满足不同国家和地区的需求,实现国际化市场开拓和品牌推广的目标。

国际化市场开拓与品牌推广是国际电子商务供应链管理的关键策略之一。企业需要制定合适的市场定位和目标市场策略,加强品牌推广和供应链管理,提升产品的竞争力和市场份额,实现国际化市场开拓和品牌推广的成功。企业还需要不断加强信息技术的应用和创新,以适应不断变化的市场环境,保持竞争优势,实现长期稳定发展。

2. 适应性与灵活性对国际供应链管理的重要性

国际电子商务供应链管理所面临的复杂性和挑战需要企业具备高度的适应性和灵活性。适应性和灵活性对国际供应链管理的重要性不言而喻,这不仅是应对外部环境变化的关键,也是确保供应链高效运作和应对突发情况的重要保障。

适应性是国际供应链管理成功的基石。由于国际市场的多样性和复杂性,企业需要及时调整和改变策略,以适应不同国家和地区的法规、文化、市场需求等差异。这需要企业具备灵活的组织结构和决策机制,能够快速反应和适应外部环境的变化,及时调整供应链策略和运作模式,确保企业的持续发展和竞争力。

灵活性是国际供应链管理成功的关键。由于国际供应链涉及多个环节和参与方,难免会面临各种不确定性和挑战。企业需要具备灵活的供应链设计和管理能力,能够灵活应对供应链中的各种变化和风险,保障供应链的稳定性和可靠性。这需要企业建立强大的供应链网络和合作伙伴关系,加强与供应商、物流公司、第三方服务提供商等的沟通和协作,共同应对供应链中的各种挑战和问题。

适应性和灵活性对国际电子商务供应链管理的重要性体现在多个方面。企业需要根据不同国家和地区的市场需求和法规要求,灵活调整产品定位、价格策略等,实现产品的定制化和个性化,提高产品的市场竞争力。企业需要灵活应对供应链中的各种变化和风险,及时调整供应链设计和运作模式,保障供应链的稳定性和可靠性。企业还需要适应新技术和趋势的发展,不断提升供应链管理的水平和能力,保持竞争优势。

面对国际电子商务供应链管理的复杂性和挑战,企业可以采取一系列应对策略。加强与国际市场的沟通和了解,及时获取市场信息和反馈,调整产品和服务策略,满足市场需求。建立多元化的供应链网络和合作伙伴关系,分散风险,提高供应链的弹性和稳定性。加强内部组织和管理,建立灵活的决策机制和协作机制,提高组织适应外部环境变化的能力。不断提升供应链管理的水平和能力,引入先进的技术和管理方法,优化供应链设计和运作,提高供应链的效率和竞争力。

适应性和灵活性是国际电子商务供应链管理成功的关键。企业需要根据不同国家和地区的市场需求和法规要求,灵活调整产品定位和价格策略,加强与供应链合作伙伴的沟通和协作,及时应对供应链中的各种变化和风险,不断提升供应链管理的水平和能力,实现供应链的持续改进和优化。

第三节 电子商务物流的国际市场扩张策略

一、国际电子商务物流市场扩张策略的背景

（一）国际市场对电子商务物流的影响

国际市场对电子商务物流产生了深远的影响，这种影响体现在多个方面。国际市场的扩大和增长为电子商务物流提供了更广阔的发展空间和机遇。随着全球化进程的不断推进和国际贸易的加速发展，越来越多的企业和消费者通过电子商务平台进行跨境交易，这为电子商务物流市场的扩张提供了强劲动力。

国际市场的竞争日益激烈，促使电子商务物流企业不断提升服务质量和效率。在国际市场上，电子商务物流企业面临来自全球范围内的竞争对手，需要不断改进和优化自身的物流服务，以提高客户满意度和竞争力。因此，国际市场的竞争压力促使电子商务物流企业不断提升服务质量、降低成本，并加强创新能力和技术应用。

国际市场的多样化和复杂性也给电子商务物流市场带来了挑战。不同国家和地区的法律法规、文化习惯、语言环境等差异，使得跨境电子商务物流面临诸多挑战。跨境物流的清关过程可能受到国家和地区的进口限制和检验检疫要求，增加了物流环节的不确定性和风险。国际市场的竞争也使得电子商务物流企业需要不断拓展新的市场和渠道，提升国际化水平和全球布局能力。

在应对国际市场的影响和挑战时，电子商务物流企业需要制定相应的扩张策略。企业需要加强与国际合作伙伴的合作，拓展全球物流网络和资源，以满足国际市场的需求。企业需要加强对国际市场的市场研究和了解，及时掌握市场动态和竞争情况，制定灵活的市场营销和拓展策略。企业还需要加强对跨境电子商务物流的法律法规和标准的了解和遵守，保障物流服务的合法性和规范性。

国际市场对电子商务物流产生了重要的影响，既为其提供了发展机遇，又带来了挑战。电子商务物流企业需要根据国际市场的特点和需求，制定相应的扩张策略，加强与国际合作伙伴的合作，提升服务质量和效率，以应对国际市场的竞争和挑战。

（二）国际化发展的战略意义

国际化发展对企业具有重要的战略意义。国际化发展可以帮助企业实现市场多元化和风险分散。通过拓展国际市场，企业可以分散业务风险，减轻对单一市场的依赖，降低受地区性经济波动和政策变化影响的风险。国际化发展有助于企业获取更多的资源和机会。进入国际市场可以获取更广阔的客户群体和消费者需求，拓展销售渠道，提高品牌知名度和市场份额。国际化发展还可以帮助企业获取更多的人才和技术资源，促进创新和技术进步，提升企业的竞争力和持续发展能力。

在国际电子商务物流市场扩张方面，背景是全球数字化经济的快速发展和电子商务行业的蓬勃发展。随着互联网技术的普及和应用，越来越多的消费者倾向于通过在线平台购物和消费，这促进了国际电子商务市场的扩张和发展。全球贸易自由化和区域经济一体化也为国际电子商务物流市场的扩张提供了良好的环境和条件。随着国际电子商务市场的不断扩大，企业面临着更多的机遇和挑战。

国际电子商务物流市场扩张面临的挑战主要包括物流基础设施的不完善、跨境物流成本的提高和物流时效性的不确定性等方面。物流基础设施的不完善可能导致物流配送效率低下和服务质量不稳定，影响客户体验和满意度。跨境物流成本的提高可能由于关税、运输费用、仓储费用等因素引起，增加了企业的经营成本，降低了市场竞争力。物流时效性的不确定性可能由于天气、交通、海关等因素引起，影响了货物的及时到达和客户的满意度。

为了应对国际电子商务物流市场扩张的挑战，企业可以采取一系列策略。企业可以加强与物流服务商和供应链合作伙伴的合作与协调，优化物流网络和配送服务，提高物流效率和服务水平。企业可以利用信息技术和物联网技术，实现物流数据的实时监测和分析，优化物流路线和运输计划，提高物流运作效率和时效性。企业还可以加强与海关和政府部门的沟通和合作，了解和遵守相关法规和政策，降低跨境物流风险和成本。

国际化发展对企业具有重要的战略意义，可以帮助企业实现市场多元化和风险分散，获取更多的资源和机会。在国际电子商务物流市场扩张方面，企业面临着物流基础设施不完善、跨境物流成本增加和物流时效性不确定等挑战，需要采取一系列策略，加强与合作伙伴的合作与协调，优化物流网络和配送服务，提高物流效率和时效性。

二、国际电子商务物流市场扩张策略与实践

（一）市场选择与定位

在制定国际电子商务物流市场扩张策略时，市场选择与定位是至关重要的。市场选择涉及确定目标市场，而市场定位则涉及如何在目标市场中找到合适的定位和竞争优势。

市场选择需要综合考虑多种因素，包括市场规模、增长速度、竞争情况、法律法规等。企业应该选择具有潜力和前景的目标市场，以确保市场扩张的可行性和成功性。也需要考虑到企业自身的资源和实力，选择与之匹配的市场进行拓展。

市场定位是确立在目标市场中的竞争地位和价值主张。企业应该明确自己的定位和差异化竞争策略，以便在市场中找到自己的定位和竞争优势。这可能包括提供特定的物流服务或解决方案，满足目标市场的特定需求和偏好，从而赢得客户的信任和支持。

在实践过程中，国际电子商务物流市场扩张策略需要与市场情况相适应，灵活调整和优化。企业需要不断进行市场调研和分析，了解目标市场的需求和竞争情况，及时调整和优化市场定位和竞争策略。也需要加强与当地合作伙伴的合作，充分利用其资源和渠道，提高市场拓展的效率和成功率。

国际电子商务物流市场扩张还需要充分考虑国际贸易政策和法律法规的影响。企业需要了解和遵守目标市场的进口限制、关税政策、贸易条款等规定，以确保物流服务的合法性和规范性。也需要考虑到货物清关过程中可能遇到的问题和风险，提前做好准备和规避措施，以确保物流运作的顺利进行。

国际电子商务物流市场扩张策略需要充分考虑市场选择与定位的重要性，明确目标市场和竞争定位，灵活调整和优化市场策略，以适应市场情况的变化和挑战。企业需要加强与当地合作伙伴的合作，充分利用其资源和渠道，提高市场拓展的效率和成功率。也需要遵守目标市场的法律法规，规避可能的风险和问题，确保物流运作的顺利进行。

（二）国际合作与供应链管理

1. 跨国合作伙伴的选择与管理

在国际电子商务物流市场扩张方面，选择合适的跨国合作伙伴至关重要。跨国合作伙伴的选择应当基于多方面考量，包括市场需求、地理位置、供应链能力等因素。在选择合作伙伴时，需进行综合评估，确保其在目标市场具备足够的资源和实力，以支持物流网络的扩张。

跨国合作伙伴的管理也是至关重要的。有效的合作伙伴管理需要建立良好的沟通渠道和协作机制，确保双方能够实时共享信息、解决问题，并共同应对市场变化。建立信任和互惠关系也是跨国合作伙伴管理的重要内容，通过共同利益的实现，确保合作的持续性和稳定性。

在国际电子商务物流市场扩张策略方面，一项关键的实践是建立高效的物流网络。通过与合作伙伴合作，搭建起覆盖目标市场的物流网络，可以实现货物的快速、安全的运输，提高客户满意度，从而促进市场扩张。还可以利用先进的信息技术，优化物流流程，提高运营效率，降低成本，增强竞争力。

积极参与国际贸易合作也是扩张国际电子商务物流市场的重要策略。通过参与国际贸易合作组织或平台，可以拓展市场渠道，获取更多的商机，同时也可以借助其资源和经验，提升自身的竞争力和影响力。

选择合适的跨国合作伙伴并有效地管理合作关系，以及建立高效的物流网络和积极参与国际贸易合作，是扩张国际电子商务物流市场的关键策略和实践。这些举措将有助于企业在国际市场上获取更多的机会，提升竞争力，实现可持续发展。

2. 信息共享与协同决策

信息共享与协同决策是国际电子商务物流市场扩张策略与实践中的重要方面。随着全球电子商务市场的不断扩大和跨境贸易的增加，信息共享和协同决策对于国际电子商务物流市场的扩张至关重要。信息共享对于国际电子商务物流市场的扩张至关重要。跨境电子商务物流涉及到多个参与方，包括生产商、供应商、物流公司、仓储公司、海关等各个环节。这些参与方需要及时共享关于订单、库存、运输、清关等方面的信息，以实现物流环节的协同合作，保证货物的及时交付。信息共享能够帮助各个环节的参与者了解整个物流过程中的状况，及时发现和解决问题，提高物流的可视化程度和透明度，降低物流环节的风险和不确定性。

协同决策是国际电子商务物流市场扩张的关键。在信息共享的基础上，各个参与方可以进行协同决策，共同制定和调整物流计划、订单管理、库存控制等方面的决策，以适应市场需求的变化和物流环节的变动。通过协同决策，可以更好地协调各个环节之间的关系，提高整体物流效率和服务水平，满足消费者的需求，增强市场竞争力。

信息技术的应用和创新对于信息共享和协同决策至关重要。信息技术可以帮助实现信息共享和协同决策的自动化和智能化，包括物流信息系统、供应链管理系统、数据分析平台等。通过信息技术的应用，可以实现物流信息的实时监控和追踪，及时发现和解决问题，提高决策的准确性和效率，降低物流环节的成本和风险。

通过信息共享，各个参与方可以及时获取到所需的信息，促进协同合作，提高物流效率和服务质量；通过协同决策，可以共同制定和调整物流计划，满足市场需求的变化，增强市场竞争力。信息技术的应用和创新是实现信息共享与协同决策的关键，可以帮助实现物流信息的实时监控和追踪，提高决策的准确性和效率，促进国际电子商务物流市场的健康发展。

第四节　跨国公司的国际电子商务物流战略

一、跨国公司的国际电子商务物流战略概述

（一）电子商务和物流之间的紧密关联

电子商务和物流紧密相连，对于跨国公司的国际电子商务物流战略至关重要。在全球化背景下，企业通过电子商务实现全球市场的开拓和资源整合，而物流则是支撑电子商务运作的重要基础。跨国公司必须制定全面的国际电子商务物流战略，以应对市场变化和竞争挑战。

电子商务促进了全球贸易的发展。通过在线平台，企业可以轻松进入国际市场，拓展海外业务。跨国电子商务需要高效的物流支持，包括供应链管理、仓储和配送等环节，以确保产品能够及时、安全地送达全球各地。

电子商务和物流的结合提升了客户体验。消费者期望快速、便捷的购物体验，而优质的物流服务能够满足这一需求。跨国公司通过建立高效的物流网络，实现了全球范围内的快速配送和灵活的物流方案，从而提升了客户满意度和忠诚度。

电子商务物流战略也需要考虑到环境可持续性。随着环保意识的增强，企业需要采取可持续发展的物流方案，减少对环境的影响。采用清洁能源、优化运输路线和减少包装浪费，以降低碳排放并提升企业社会责任感。

跨国公司还需要关注国际贸易政策和法规的变化。不同国家和地区的贸易政策可能存

在差异，影响着跨境电子商务物流的运作。因此，企业需要密切关注政策动态，灵活调整物流策略，以确保遵循法规并降低运营风险。

电子商务和物流密不可分，对于跨国公司而言，制定全面的国际电子商务物流战略至关重要。通过优化物流网络、提升客户体验、关注可持续发展和应对政策变化，企业可以在全球市场中取得竞争优势，实现可持续增长。

（二）跨国公司的竞争优势与物流战略

跨国公司在当今竞争激烈的商业环境中，为了获得竞争优势，需要制定有效的物流战略。国际电子商务物流战略对于跨国公司的成功至关重要。其核心在于确保产品及时交付，同时降低成本并提高客户满意度。这一战略的关键因素包括供应链管理、信息技术、国际贸易规范以及运输和仓储管理等。

供应链管理是国际电子商务物流战略的基石。跨国公司必须建立高效的供应链网络，确保从生产到销售的无缝连接。这涉及到供应商选择、库存管理和订单处理等方面。通过优化供应链，企业可以实现快速响应市场需求的能力，从而提高竞争力。

信息技术在国际电子商务物流中扮演着关键角色。跨国公司需要利用先进的信息技术来实现供应链的实时监控和管理。通过物流信息系统，企业可以跟踪货物的位置和状态，提高运输效率，并及时调整策略以应对突发情况。

国际贸易规范也是跨国公司必须考虑的重要因素。不同国家之间存在着不同的贸易法规和关税制度，企业需要了解并遵守这些规定，以避免潜在的法律风险和额外成本。通过遵守国际贸易规范，企业可以确保货物顺利通关，并提高跨境交易的效率。

运输和仓储管理是国际电子商务物流战略中的关键环节。跨国公司需要选择合适的运输方式和仓储设施，以最大程度地降低成本并保证货物的安全。企业还需要考虑到不同国家之间的文化差异和地理条件，制定灵活的物流方案，以应对各种挑战。

国际电子商务物流战略对于跨国公司来说至关重要。通过有效的供应链管理、信息技术应用、国际贸易规范遵循以及运输和仓储管理，企业可以实现竞争优势，提升客户满意度，并在全球市场中取得成功。

二、跨国公司国际电子商务物流战略的实施

（一）跨国公司物流网络设计

1. 优化国际电子商务物流网络

国际电子商务物流网络的优化是跨国公司的重要战略之一。在这个竞争激烈的市场环境中，跨国公司必须不断创新和改进物流网络，以满足客户需求，提高运营效率，并保持竞争优势。国际电子商务物流战略的概述可分为以下几个方面。

跨国公司应该着重于建立高效的物流网络。这包括选择合适的物流合作伙伴，优化运输路线，以及建立先进的仓储和配送系统。通过建立覆盖全球的物流网络，跨国公司可以实现货物快速、安全的运输，提高客户满意度，从而增强市场竞争力。

跨国公司还应该注重信息技术的应用，以优化物流流程。利用物联网、大数据分析和人工智能等先进技术，可以实现对物流网络的实时监控和管理，提高运营效率，降低成本。还可以通过数据分析，优化库存管理和供应链规划，以更好地满足市场需求。

跨国公司还应该加强与国际贸易合作伙伴的合作，共同推动国际电子商务物流的发展。通过与供应商、承运商和第三方物流服务提供商的合作，可以实现资源共享和风险分担，提高物流效率和服务质量。还可以与国际贸易组织或平台合作，共同推动贸易便利化，促进国际贸易的发展。

跨国公司应该注重持续创新，不断改进物流网络和服务。随着市场需求和技术的变化，跨国公司需要及时调整战略，引入新的技术和服务，以适应市场的变化并保持竞争优势。只有不断创新和改进，才能在国际电子商务物流市场上立于不败之地。

优化国际电子商务物流网络是跨国公司的重要战略之一。通过建立高效的物流网络、应用信息技术、加强合作与创新，跨国公司可以提高运营效率，降低成本，提升竞争力，实现可持续发展。

2. 仓储设施、配送中心的位置

仓储设施和配送中心的位置在跨国公司国际电子商务物流战略中具有关键性作用。合理选择位置能够最大程度地降低物流成本，提高运输效率，增强企业竞争力。

仓储设施的位置应考虑到市场需求和产品流动性。在选择仓库位置时，需要综合考虑销售地区的人口密度、消费水平和交通便利程度，以确保能够及时满足客户订单，并降低最后一公里配送的成本。

配送中心的位置也应与主要销售地区和运输节点相匹配。通过在重要的物流枢纽城市设立配送中心，可以实现货物的快速分拨和集中配送，减少中转次数和运输时间，提高配送效率。

仓储设施和配送中心的位置选择还应考虑到供应链的稳定性和风险控制。为了降低自然灾害、政治因素和贸易限制等风险的影响，跨国公司通常会在不同地区建立多个仓库和配送中心，实现分散化存储和灵活配送。

跨国公司在国际电子商务物流战略的实施过程中，还需要充分利用信息技术和数据分析手段。通过建立智能化的仓储管理系统和配送路线优化模型，可以实现仓库存货的实时监控和智能调度，提高物流效率和服务质量。

仓储设施和配送中心的位置选择对于跨国公司国际电子商务物流战略的实施至关重要。合理选择位置能够优化物流网络结构，降低成本，提高服务水平，增强企业竞争力，从而在全球市场中取得更大的商业成功。

(二) 战略风险管理

1. 货物丢失、延误、不可预见的政策变化等

跨国公司在实施国际电子商务物流战略时，必须应对各种挑战，如货物丢失、延误以及不可预见的政策变化等。这些问题可能会对企业的运营和声誉造成严重影响。

货物丢失是跨国电子商务物流中的常见问题。由于运输过程中的各种因素，如窃盗、货物损坏或错误交付，货物可能会丢失。为减少这种风险，企业可以采取措施，如加强包装、使用跟踪技术和选择可靠的物流合作伙伴。

货物延误可能会导致客户不满和订单取消。原因包括天气影响、运输故障和海关清关等。为了应对这种情况，企业可以优化供应链、提前规划和建立备用计划，以最大程度地减少延误对业务的影响。

不可预见的政策变化也可能对跨国公司的国际电子商务物流造成影响。政策变化可能涉及关税、贸易限制、出口管制等方面。为了应对这种不确定性，企业应保持与政府和行业协会的紧密联系，及时了解政策动态，并根据需要调整物流策略。

跨国公司在实施国际电子商务物流战略时，需要认识到货物丢失、延误以及政策变化等问题的存在，并采取相应的应对措施。通过加强包装、优化供应链、及时调整物流策略等方式，企业可以降低运营风险，提高运作效率，确保顺利实施国际电子商务物流战略。

2. 提出相应的风险管理策略

跨国公司在实施国际电子商务物流战略时，需要认识到存在着各种潜在的风险，如供应链中断、信息安全问题、国际贸易法规变化等。为有效管理这些风险，企业可以采取多种策略。

企业可以通过多元化供应链来降低风险。这意味着与多个供应商建立合作关系，以减少对单一供应商的依赖。跨国公司可以在不同地区设立多个仓储中心，以应对地区性的风险，如自然灾害或政治动荡。

加强信息安全措施也是至关重要的。企业应投资于安全技术和人员培训，确保电子数据的保密性和完整性。建立备份系统和应急计划可以在遭受网络攻击或数据泄露时快速恢复业务。

企业需要密切关注国际贸易法规的变化，并及时调整业务策略。这意味着建立专门的团队来监测法规变化，与政府机构和行业组织保持密切联系，并及时更新相关流程和文档以确保合规性。

跨国公司还可以购买保险来转移部分风险。货运保险和商业中断保险可以为企业提供额外的保障，以应对突发事件对业务造成的损失。

企业应建立有效的风险管理体系，并定期进行评估和改进。这包括制定清晰的风险管理政策和流程，培训员工识别和处理风险，并建立监测和报告机制以及应对风险事件的预案。

跨国公司在实施国际电子商务物流战略时必须认识到存在的各种风险，并采取相应的策略来有效管理这些风险。通过多元化供应链、加强信息安全、及时遵守法规、购买保险以及建立有效的风险管理体系，企业可以最大程度地降低风险，并确保物流战略的顺利实施。

第五章 电子商务物流中的可持续发展与环保

第一节 可持续物流与绿色供应链管理

一、可持续电子商务物流

（一）可持续电子商务物流的特点

1. 环保

在当今的环境意识日益增强的社会背景下，环保和可持续发展已成为全球关注的焦点之一。电子商务物流作为商业活动中不可或缺的一环，也需要重视环保和可持续性。环保可持续电子商务物流的实现需要采取一系列有效措施。

减少包装废弃物是实现环保可持续电子商务物流的重要举措之一。包装废弃物是电子商务物流中的一个主要环境问题，因此采取减少包装、使用可降解材料等措施可以有效减少废弃物的产生，降低对环境的负面影响。

采用可再生能源是推动环保可持续电子商务物流的关键手段之一。电子商务物流活动需要大量的能源，如果采用传统的非可再生能源，将会对环境造成严重影响。因此，跨国公司可以通过使用太阳能、风能等可再生能源，减少对化石能源的依赖，降低碳排放，实现绿色物流。

优化物流网络和运输路线也是实现环保可持续电子商务物流的关键举措之一。通过优化物流网络，可以减少运输距离和时间，降低能源消耗和碳排放。采用多式联运、集中配送等技术，也可以提高运输效率，减少能源消耗和环境污染。

除此之外，推动绿色包装和循环利用也是实现环保可持续电子商务物流的重要举措之一。采用可降解材料、回收利用包装材料等措施，可以减少资源消耗和环境污染，实现包装的绿色化和循环利用。

实现环保可持续电子商务物流需要跨国公司和政府部门共同努力，采取一系列有效措施，包括减少包装废弃物、采用可再生能源、优化物流网络和运输路线、推动绿色包装和循环利用等。只有通过不懈努力，才能实现电子商务物流的绿色化、低碳化和可持续发展。

2. 运输效率高

运输效率的提升是可持续电子商务物流的关键之一。通过采用先进的运输技术和优化的物流网络设计，可以实现货物运输的高效率和低成本。物流信息技术的应用是提升运输效率的重要手段之一。通过实时监控货物位置和运输状态，可以及时调整运输路线和安排货物集中配送，减少运输时间和成本。

运输方式的选择也对运输效率有着重要影响。对于短途运输，陆运和快递服务可能是更为合适的选择；而对于长途跨国运输，则海运和空运可能更为经济高效。跨国公司还可以通过多式联运的方式，将不同运输方式有机结合，实现运输成本和时间的双重优化。

在实现运输效率的跨国公司还应注重可持续性发展。选择清洁能源作为运输动力，减少碳排放；采用可再生材料和可降解包装，降低环境污染；并优化物流网络设计，减少空运和中转，降低资源消耗和能源浪费。

社会责任意识的提升也是实现可持续电子商务物流的重要因素。跨国公司应积极参与社区公益活动，支持环保和社会公益事业，倡导绿色消费和低碳生活，共同促进可持续发展的实现。

实现运输效率的提升和可持续发展是可持续电子商务物流的重要目标。通过运用先进的技术和管理手段，优化物流网络设计，选择合适的运输方式，注重环境保护和社会责任，可以实现物流效率和可持续性的双重提升，推动电子商务物流行业的可持续发展。

(二) 可持续电子商务物流的实施方法

1. 采用太阳能、风能等替代传统能源

在实现可持续电子商务物流方面，采用太阳能、风能等替代传统能源是一个重要且具有前景的举措。传统能源的使用会导致环境污染和资源耗竭，而可再生能源则可以减少对环境的负面影响，实现物流的可持续发展。

太阳能和风能是两种主要的可再生能源。太阳能是通过太阳辐射产生的能量，可以通过太阳能电池板转化为电能。风能则是通过风力发电机将风能转换为电能。这些可再生能源具有清洁、可再生、无污染等特点，与传统能源相比更具优势。

在电子商务物流中，可持续能源的应用可以从多个方面带来益处。可再生能源可以降低物流运输的碳排放量，减少对大气的污染。利用太阳能和风能作为能源可以降低企业的能源成本，提高运营效率。可再生能源的应用还可以减少对有限资源的依赖，有助于保护自然环境和生态平衡。

要实现可持续电子商务物流，企业可以采取多种措施。可以在物流中心和配送站安装太阳能电池板和风力发电机，为物流设施提供清洁能源。可以引入电动车辆和物流无人机，利用可再生能源为其充电，减少对化石能源的依赖。通过加强供应链管理和优化配送路线，可以降低能源消耗和碳排放，实现物流的可持续发展。

采用太阳能、风能等替代传统能源是实现可持续电子商务物流的重要途径。企业可以通过引入可再生能源、优化物流运作和加强供应链管理等方式,降低环境影响,提高运营效率,实现可持续发展的目标。

2. 采用环保材料、优化包装设计以减少包装废弃物

在实践可持续电子商务物流方面,采用环保材料和优化包装设计以减少包装废弃物是至关重要的举措。环保材料包括可降解材料、可回收材料和可再生材料等,它们对减少对环境的负面影响起到了积极的作用。通过优化包装设计,可以减少包装的使用量,降低资源消耗,减少废弃物产生。这些举措不仅有助于保护环境,还能提升企业的品牌形象和竞争力。

采用环保材料是可持续电子商务物流的重要一环。可降解材料能够在一定条件下被自然环境降解,减少对土壤和水源的污染。可回收材料则可以通过再循环利用减少资源的消耗,延长材料的使用寿命。使用可再生材料可以减少对非可再生资源的依赖,推动可持续发展。

优化包装设计是降低包装废弃物的有效途径。通过减少包装材料的使用量、简化包装结构、采用可折叠设计等方式,可以降低包装的重量和体积,减少资源消耗。采用多功能包装设计可以提高包装的再利用率,延长其使用寿命,减少废弃物的产生。

企业还可以通过提倡绿色消费和回收利用来促进可持续电子商务物流的发展。通过向消费者宣传环保理念,引导其选择环保产品和服务,可以推动市场向更加环保的方向发展。建立回收体系和推广回收利用技术,可以实现废弃物资源化利用,减少对自然资源的开采。

采用环保材料和优化包装设计是实践可持续电子商务物流的重要举措。通过这些措施,可以减少对环境的负面影响,降低资源消耗,实现经济效益与环境效益的双赢。倡导绿色消费和推广回收利用也是促进可持续电子商务物流发展的关键因素。

二、绿色电子商务供应链管理

(一) 绿色电子商务供应链管理的重要性

1. 满足消费者需求

在绿色电子商务供应链管理中,满足消费者需求是至关重要的。消费者对环保和可持续性的关注日益增加,他们希望购买环保产品并支持环保企业。因此,绿色电子商务供应链管理需要不断创新,以满足消费者的需求。

了解消费者需求是绿色电子商务供应链管理的基础。跨国公司应该通过市场调研、消费者反馈等方式,深入了解消费者对环保产品的需求和偏好,从而调整产品设计、生产和营销策略,提供更符合消费者期待的环保产品。

建立透明的供应链是满足消费者需求的关键。消费者对产品的环保性越来越关注,他们希望知道产品的生产过程是否环保,原材料的来源是否可持续。因此,跨国公司需要与供应商建立良好的合作关系,确保原材料的合规性和可追溯性,为消费者提供透明的产品

信息。

提供环保认证和标识也是满足消费者需求的重要举措。通过获得环保认证和标识，可以向消费者证明产品的环保性，增强产品的市场竞争力。因此，跨国公司应该积极申请环保认证，并在产品上标注相关的环保标识，以吸引消费者的注意和信赖。

加强与消费者的沟通和互动也是满足消费者需求的重要手段。跨国公司可以通过社交媒体、客户服务等渠道，与消费者建立良好的沟通渠道，了解他们的需求和反馈，并及时调整产品和服务，以满足消费者的期望。

持续创新是满足消费者需求的关键。消费者的需求和偏好不断变化，跨国公司需要不断创新，推出符合消费者期待的新产品和服务，以保持竞争优势并满足消费者的需求。

满足消费者需求是绿色电子商务供应链管理的核心任务。通过了解消费者需求、建立透明的供应链、提供环保认证和标识、加强与消费者的沟通和互动，以及持续创新，跨国公司可以实现绿色电子商务供应链管理的可持续发展，并满足消费者对环保产品的需求。

2. 降低企业风险

降低企业风险是绿色电子商务供应链管理的核心目标之一。企业在供应链管理中面临着各种潜在风险，包括环境风险、市场风险、法律风险等。绿色供应链管理旨在通过采取一系列策略和措施，降低这些风险的发生概率和影响程度，实现供应链的可持续发展。

绿色供应链管理需要企业对供应商进行严格的筛选和评估。企业应考察供应商的环保政策和生产实践，确保其符合相关环保法规和标准。企业还应对供应商的财务状况、生产能力和供货稳定性进行评估，降低因供应商问题而导致的生产中断和产品质量问题的风险。

绿色供应链管理还需要企业积极推动供应商的环保改进和技术创新。企业可以与供应商合作，共同研发环保产品和生产工艺，推广绿色供应链标准和最佳实践，促进整个供应链的绿色转型和升级，降低环境污染和资源浪费的风险。

绿色供应链管理也需要企业加强对供应链各个环节的监控和管控。通过建立有效的供应链信息系统和监测机制，企业可以实时监测供应链各个环节的运作情况和环境影响，及时发现和解决潜在问题，降低环境和品质风险的发生概率。

企业还应加强与政府和行业组织的合作，共同制定和实施绿色供应链管理政策和标准，建立健全的法律法规和行业规范体系，加强对供应链各方的监督和约束，提高整个供应链的环保意识和责任感，降低违法违规和环境污染的风险。

绿色供应链管理是企业降低风险、实现可持续发展的重要手段之一。通过对供应商的筛选评估、技术创新推广、监控管控和政府合作等方式，企业可以有效降低环境、市场和法律风险的发生概率和影响程度，实现绿色供应链管理的可持续发展目标。

(二) 绿色电子商务供应链管理的实施方法

1. 选择符合环保标准的供应商

绿色电子商务供应链管理是一种重要的策略，旨在通过选择符合环保标准的供应商来促进环境可持续性。在当今社会，环境保护已成为全球关注的焦点之一。因此，企业必须采取积极的措施来减少对环境的负面影响，并推动可持续发展。

选择符合环保标准的供应商是绿色电子商务供应链管理的核心。企业需要与供应商合作，共同努力确保其生产和运输过程符合环保标准。这包括减少使用有毒化学品、采用可再生材料、优化包装设计等方面。通过与环保意识相符合的供应商合作，企业可以降低对环境的负面影响，并提高消费者对其产品的信任度。

绿色电子商务供应链管理还需要加强供应链透明度和责任追溯。企业应要求供应商提供有关其生产过程和材料来源的信息，并确保其合规性。建立有效的监管机制，对供应链各个环节进行监督和管理，以确保符合环保标准。通过透明的供应链管理和责任追溯，企业可以增强对供应链的控制力，保证产品的环保性能。

企业还可以采取其他措施来促进绿色电子商务供应链管理。建立绿色采购政策，鼓励供应商提供环保产品和服务；推广低碳配送方案，减少运输过程中的碳排放；开展供应商培训和合作，共同探索环保创新和技术应用。通过多方面的努力，企业可以全面推动绿色电子商务供应链管理，实现环境可持续发展的目标。

绿色电子商务供应链管理是企业应对环境挑战的重要举措之一。通过选择符合环保标准的供应商、加强供应链透明度和责任追溯，以及推广绿色采购政策和低碳配送方案，企业可以有效减少对环境的负面影响，促进可持续发展。这不仅符合企业的长期利益，也有助于保护地球环境，造福人类社会。

2. 优化产品设计，减少资源消耗和废物产生

优化产品设计以减少资源消耗和废物产生是构建绿色电子商务供应链管理的重要举措。通过在产品设计阶段考虑环境影响，可以有效减少资源的浪费和废物的产生，实现可持续发展的目标。优化产品设计涉及到多个方面，包括材料选择、生产工艺、包装设计等，这些都对减少资源消耗和废物产生起到了积极的作用。

材料选择是优化产品设计的关键。选择可再生材料和可回收材料可以减少对非可再生资源的依赖，降低资源消耗。选择轻量化材料可以减少产品的重量和包装的用量，减少能源消耗和废物产生。

优化生产工艺也是重要的一环。采用清洁生产技术和高效能源利用技术可以降低生产过程中的能源消耗和排放量。优化生产工艺可以减少废物的产生和排放，实现资源的有效利用。

包装设计也是优化产品设计的重要方面。采用可降解材料和可回收材料可以减少包装的废弃物产生，降低对环境的负面影响。采用简化包装结构和减少包装用量的设计可以降低资源消耗，提高包装的可持续性。

除了以上方面，产品寿命周期管理也是优化产品设计的重要考虑因素。通过延长产品的使用寿命和提供售后服务，可以减少产品的报废率，减少废物的产生。采用易于拆解和回收的设计可以实现产品的循环利用，最大程度地减少资源的浪费。

第二节　碳足迹计算与减排策略

一、电子商务物流碳足迹计算

（一）碳足迹计算方法

1. 直接排放和间接排放的区别

直接排放和间接排放是两种不同类型的碳排放方式。直接排放指的是企业或个人直接产生的二氧化碳和其他温室气体排放，例如工厂的烟囱排放、车辆的尾气排放等。而间接排放则是由企业或个人的活动间接导致的二氧化碳和其他温室气体排放，例如购买商品和服务时所产生的排放。

在电子商务物流中，碳排放主要包括直接排放和间接排放两种方式。直接排放主要指电子商务物流企业自身的运输车辆和设备所产生的二氧化碳和其他温室气体排放。企业自有的货车运输商品时所产生的尾气排放就属于直接排放。而间接排放则主要指企业所采购的能源、原材料以及运输服务等间接导致的二氧化碳排放。企业采购的商品在生产过程中所消耗的能源和原材料，以及由第三方物流公司运输商品时所产生的排放都属于间接排放。

电子商务物流的碳足迹计算需要考虑这两种排放方式。对于直接排放，可以通过对企业自有运输车辆和设备的燃料消耗进行监测和记录，然后根据能源消耗和排放因子计算出相应的碳排放量。对于间接排放，需要对企业的供应链进行调查和分析，了解能源和原材料的消耗情况，以及运输服务的使用情况，然后根据相应的排放因子计算出间接排放量。

通过对直接排放和间接排放进行计算和分析，可以帮助电子商务物流企业了解其碳排放的主要来源和分布情况，从而制定相应的减排策略和措施。可以采用更环保的运输方式和设备，优化供应链结构，减少能源和原材料的消耗，以及提高物流效率，从而降低碳排放，实现碳中和和可持续发展。

2. 生命周期评估、ISO 标准等

电子商务物流碳足迹计算是对物流活动产生的温室气体排放进行量化评估的过程。生命周期评估和 ISO 标准是两个重要的工具和标准，用于指导和规范电子商务物流碳足迹计算的实施。

生命周期评估是一种系统的方法，用于评估产品或服务从原材料采集、生产制造、运输配送到使用和废弃处理的整个生命周期中所产生的环境影响。在电子商务物流碳足迹计算中，生命周期评估可以帮助企业全面了解物流活动对环境的影响，识别关键环节和热点，为减少碳排放提供科学依据。

ISO 标准是国际标准化组织制定的一系列标准，用于指导和规范各种管理活动和技术实践。在电子商务物流碳足迹计算中，ISO 标准提供了一套统一的方法和指南，包括 ISO

14040系列标准和ISO 14064系列标准等。ISO 14040系列标准规定了生命周期评估的基本原则和框架，包括目标与范围、生命周期分析、解释和应用等内容；而ISO 14064系列标准则规定了温室气体排放的量化计算方法和报告要求，包括温室气体清单的编制、测量与监测、验证与确认等内容。

通过生命周期评估和ISO标准的应用，可以实现电子商务物流碳足迹计算的科学准确和国际统一。企业可以根据ISO标准制定碳足迹计算的实施计划和方法，收集物流活动相关数据，进行排放因子的计算和碳排放量的量化评估，最终得出物流碳足迹的结果，并进行分析和解释。

在电子商务物流碳足迹计算的实施过程中，还需要考虑到数据的可靠性和可比性，以及不确定性和灵活性的处理。企业可以通过建立完善的数据管理和信息系统，提高数据的质量和准确性，降低数据收集和处理的成本和风险，实现碳足迹计算的可持续发展目标。

生命周期评估和ISO标准是指导和规范电子商务物流碳足迹计算的重要工具和标准。通过生命周期评估的全面分析和ISO标准的科学应用，可以实现电子商务物流碳足迹计算的准确性和可持续性，为企业减少碳排放、提高环境责任和可持续发展提供支持和指导。

(二) 关键影响因素

1. 陆路、空运、海运等

电子商务物流的碳足迹计算是评估其对环境的影响的重要手段。陆路、空运、海运等不同运输方式的选择对电子商务物流碳足迹有着关键影响。在进行碳足迹计算时，需考虑以下关键因素。

运输距离是影响碳足迹的重要因素之一。通常情况下，运输距离越长，碳排放量就越高。因此，跨国电子商务物流往往会产生更大的碳足迹，特别是采用空运方式的情况下。企业可以通过优化供应链、选择就近供应商和开发本地市场等方式，减少运输距离，降低碳排放。

运输方式对碳足迹的影响也非常显著。不同运输方式的能源消耗和碳排放量存在差异。空运通常是最耗能且排放量最高的运输方式，海运则相对较低，陆路运输介于两者之间。因此，在选择运输方式时，企业需要权衡成本和环境影响，优先考虑低碳的海运和陆路运输。

货物类型和包装方式也会影响碳足迹的计算。某些货物可能需要特殊的运输条件，如低温或保护包装，这会增加能源消耗和碳排放。因此，企业在选择货物类型和包装方式时，应考虑其对碳足迹的影响，并尽量选择环保的选项。

运输工具的效率和使用率也是影响碳足迹的重要因素。使用高效的运输工具和提高运输利用率可以降低单位货物的碳排放量。因此，企业应积极采用节能环保的运输工具，并通过物流优化和资源共享等方式提高运输利用率，从而降低碳足迹。

供应链管理和碳排放监测也对电子商务物流碳足迹的计算至关重要。企业需要建立有效的供应链管理体系，确保供应链各个环节的环保合规性，并对碳排放进行监测和评估。

通过不断优化供应链管理和监测碳排放，企业可以更好地控制碳足迹，并实现可持续发展的目标。

陆路、空运、海运等运输方式的选择、运输距离、货物类型和包装方式、运输工具的效率和使用率，以及供应链管理和碳排放监测等因素都是影响电子商务物流碳足迹的关键因素。企业应综合考虑这些因素，采取有效的措施降低碳足迹，推动电子商务物流的可持续发展。

2. 包装材料的选择

包装材料的选择对于电子商务物流的碳足迹具有重要影响。不同的包装材料会影响产品的重量、体积和运输方式，从而对物流过程中的能源消耗和排放量产生影响。因此，在选择包装材料时需要综合考虑多个因素，包括材料的环境影响、产品特性、运输成本等。

环境影响是选择包装材料的关键考虑因素之一。优先选择可再生材料和可回收材料可以减少对非可再生资源的依赖，降低对环境的负面影响。考虑到包装材料的生产、使用和处理过程中可能产生的排放和废物，选择对环境影响较小的材料是至关重要的。

产品特性也是选择包装材料的重要考虑因素。不同的产品需要不同类型的包装材料来保护其质量和完整性。易碎品需要具有良好缓冲性能的包装材料来防止在运输过程中受到损坏。因此，需要根据产品的特性选择合适的包装材料，既保证产品的安全性，又最大程度地减少包装的重量和体积。

运输成本也是选择包装材料的重要考虑因素之一。包装材料的重量和体积会影响产品的运输成本，因此需要在保证产品安全的前提下尽量减少包装的重量和体积。选择轻量化材料和简化包装结构可以降低运输成本，减少能源消耗和排放量。

包装材料的可持续性也是选择的重要考虑因素之一。优先选择可降解材料和可回收材料可以降低包装的环境影响，促进资源的循环利用。采用易于回收和处理的包装材料可以降低包装的废物产生，减少对环境的负面影响。

包装材料的选择对于电子商务物流的碳足迹具有重要影响。在选择包装材料时需要综合考虑环境影响、产品特性、运输成本和可持续性等因素，以最大程度地减少物流过程中的能源消耗和排放量，实现绿色可持续发展的目标。

二、电子商务物流减排策略

（一）可持续发展对电子商务物流的影响

可持续发展对电子商务物流产生了深远的影响。随着人们对环境保护和社会责任的关注不断增强，电子商务物流行业也面临着来自各方面的压力，需要采取相应的减排策略来应对挑战。

可持续发展要求电子商务物流行业转型为更加环保和低碳的发展模式。这意味着电子商务物流企业需要减少碳排放，优化资源利用，降低环境污染。为了实现这一目标，电子商务物流企业可以采取一系列减排策略。

优化物流网络和运输路线是一项重要的减排策略。通过优化物流网络和运输路线，可以减少运输距离和时间，降低能源消耗和碳排放。

推广绿色包装和循环利用也是一项重要的减排策略。通过提倡消费者减少购买过度包装产品、使用环保包装等方式，也可以降低碳排放。

推动电子商务物流行业的绿色技术创新也是一项重要的减排策略。通过引入先进的信息技术、物联网技术、清洁能源技术等，可以实现物流过程的智能化和绿色化，降低碳排放。利用智能物流系统优化路线，实现货物的合理分拣和配送，可以减少能源消耗和碳排放。

加强与供应链伙伴的合作和协调也是一项重要的减排策略。通过与供应商、承运商和第三方物流服务提供商的合作，可以共同推动物流过程的绿色化和低碳化，降低碳排放。

可持续发展对电子商务物流产生了深远的影响，要求电子商务物流企业采取一系列减排策略来降低碳排放，优化资源利用，保护环境。通过优化物流网络和运输路线、推广绿色包装和循环利用、推动绿色技术创新，以及加强与供应链伙伴的合作和协调，可以实现电子商务物流行业的可持续发展和低碳化。

（二）运输优化策略

1. 货物集中配送与共享运输

货物集中配送与共享运输是电子商务物流减排的重要策略之一。通过将多个订单的货物集中配送到同一目的地，以及多个企业之间共享运输资源和配送路线，可以有效减少运输距离和车辆数量，降低碳排放和能源消耗。

货物集中配送是指将多个订单的货物集中到一个中转点或配送中心，再统一配送到各个目的地的物流模式。通过货物集中配送，可以实现运输路线的优化和货物的批量配送，减少物流活动中的空转和重复运输，降低运输成本和碳排放。

共享运输是指多个企业或客户共同利用同一运输工具或运输路线进行货物运输的模式。通过共享运输，可以实现运输资源的共享和利用率的提高，减少空载和空驶的情况发生，降低运输成本和碳排放。共享运输还可以促进企业间的合作和资源共享，提高整个供应链的效率和可持续性。

在实施货物集中配送与共享运输的过程中，需要考虑到以下几个方面的问题。首先是物流网络的设计和建设。企业需要合理规划物流网络，确定中转点和配送中心的位置，优化配送路线和运输模式，以实现货物集中配送和共享运输的最大化。

其次是信息技术的应用。通过建立高效的信息系统和智能化的调度平台，可以实现货物的实时跟踪和调度，优化运输计划和路线，提高货物集中配送和共享运输的效率和可靠性。

还需要考虑到供应链各个环节的协调和合作。货物集中配送和共享运输需要涉及多个环节和参与方，包括生产商、批发商、配送中心、物流公司等。企业需要加强沟通和协作，建立良好的合作关系和利益共享机制，实现共同减排和共赢发展。

还需要考虑到政府政策和社会环境的影响。政府可以通过出台优惠政策和补贴措施，鼓励企业采取减排措施，推动货物集中配送和共享运输的发展。社会组织和公众也可以通过宣传教育和消费引导，促进绿色消费和低碳生活方式的普及，共同推动电子商务物流的减排行动。

货物集中配送与共享运输是电子商务物流减排的重要策略之一。通过优化物流网络、应用信息技术、加强供应链协作和合作，以及政府政策和社会环境的支持，可以实现货物集中配送与共享运输的最大化，降低碳排放，推动电子商务物流的绿色发展。

2. 最优路线规划

在电子商务物流减排策略中，最优路线规划是一项重要的措施。通过合理规划物流路线，可以减少运输距离、优化运输效率，从而降低碳排放。

最优路线规划需要考虑物流网络的整体结构。企业应该分析市场需求和供应链布局，确定物流中心和配送站的位置。在选择物流路线时，应优先考虑就近原则，选择距离较近的物流节点，减少运输距离。

最优路线规划还需要考虑运输方式的选择。不同运输方式具有不同的能源消耗和碳排放量。海运通常是最环保的运输方式，其次是陆路运输，空运则是碳排放量最高的方式。企业应根据货物属性和时效要求选择合适的运输方式，尽量选择低碳的海运和陆路运输。

最优路线规划还需要考虑货物的集中配送和批量运输。通过集中配送和批量运输，可以减少空载率和空运率，提高运输利用率，降低单位货物的碳排放量。企业可以通过物流优化技术和供应链管理手段，实现货物的集中配送和批量运输。

最优路线规划还需要考虑环境因素和交通状况。企业应根据天气、交通状况和道路条件等因素调整物流路线，避开拥堵和恶劣天气，提高运输效率。企业还可以利用智能物流技术和实时监控系统，及时调整路线和运输计划，以应对突发情况和提高运输效率。

最优路线规划还需要考虑供应链的合作和信息共享。企业应与供应商、物流服务商和运输公司合作，共同优化物流网络和配送路线，实现资源共享和信息互通。通过建立有效的供应链合作机制，可以降低碳排放，提高运输效率，实现电子商务物流的可持续发展。

最优路线规划是电子商务物流减排策略中的重要措施。企业可以通过考虑物流网络结构、运输方式选择、货物集中配送、环境因素和供应链合作等因素，实现物流路线的优化，降低碳排放，推动电子商务物流的可持续发展。

第三节　电子商务物流中的包装与再循环

一、电子商务物流中的包装

（一）电子商务包装的特点

1. 个性化包装设计

个性化包装设计在电子商务物流中具有重要作用。通过个性化包装设计，企业可以为客户提供独特的购物体验，提升品牌形象和客户满意度。个性化包装设计需要综合考虑产品特性、目标客户群体、品牌定位等因素，以实现最佳效果。

个性化包装设计需要考虑产品特性。不同类型的产品可能需要不同的包装设计来保护其质量和完整性。因此，个性化包装设计需要根据产品的特性选择合适的包装材料和结构，以保证产品的安全和完整。

个性化包装设计需要考虑目标客户群体。不同的客户群体对包装设计可能有不同的偏好和需求。因此，个性化包装设计需要根据目标客户群体的特点和喜好来进行定制，以提升客户的购物体验和满意度。

个性化包装设计也需要考虑品牌定位。包装设计是企业品牌形象的重要组成部分，可以传达企业的品牌理念和价值观。因此，个性化包装设计需要与企业的品牌定位相一致，以增强品牌的认知度和影响力。

个性化包装设计还可以通过增加个性化元素来提升包装的吸引力和独特性。可以在包装上添加企业的标志、口号或者客户的姓名等个性化信息，以增强包装的个性化和独特性，吸引客户的注意力。

个性化包装设计在电子商务物流中具有重要作用。通过个性化包装设计，企业可以提升品牌形象和客户满意度，增强竞争力。

2. 环保包装趋势

环保包装已成为电子商务物流中的重要趋势。随着人们对环境保护的关注不断增强，传统的包装方式已经不能满足消费者和企业对环保的需求。因此，越来越多的电子商务企业开始采用环保包装，以降低对环境的影响，并提升企业的社会责任形象。

环保包装的趋势主要体现在以下几个方面。环保包装强调使用可降解、可回收的材料。这些材料可以在自然环境中迅速分解，减少对环境的污染，并促进资源的循环利用。可生物降解的纸张、玉米淀粉等材料，可以代替传统的塑料包装，降低塑料污染。

环保包装注重减少包装材料的使用量。传统的包装往往存在过度包装的问题，造成资源浪费和环境污染。因此，环保包装强调简约设计和合理用量，尽量减少包装材料的使用，降低碳排放和能源消耗。

环保包装还注重包装的可重复利用性。通过设计可重复使用的包装盒、袋等包装容器，可以减少一次性包装的使用，降低资源消耗和环境污染。一些电子商务企业还推出了包装回收计划，鼓励消费者将包装材料送回企业进行再利用，实现循环包装。

除此之外，环保包装还强调包装过程的节能减排。采用节能设备和生产工艺，优化包装流程，可以减少能源消耗和碳排放，降低对环境的影响。采用太阳能和风能等可再生能源，替代传统的燃煤发电，可以降低包装过程的碳排放。

环保包装已成为电子商务物流中的重要趋势，其主要体现在使用可降解、可回收的材料、减少包装材料的使用量、注重包装的可重复利用性以及节能减排等方面。通过采用环保包装，电子商务企业可以降低对环境的影响，提升企业的社会责任形象，满足消费者对环保的需求，实现可持续发展。

(二) 包装设计的关键因素

1. 安全性

在电子商务物流中，包装是保障货物安全性的重要环节。合适的包装设计和选择可以保护货物免受损坏、污染和丢失，并确保货物在运输过程中的安全性和完整性。

包装的材料选择至关重要。在电子商务物流中，常用的包装材料包括纸箱、塑料袋、气泡膜等。企业应根据货物的特性和运输方式选择合适的包装材料，确保其具有足够的强度、耐磨性和防水性，以抵御外部环境的冲击和影响。

包装的设计也需要考虑到货物的尺寸和重量，以及运输过程中可能遇到的振动、压力和温度等因素。合理的包装设计可以最大限度地减少货物在运输中的移动和摩擦，防止货物破损和变形，提高运输效率和安全性。

包装过程中还需要注意到包装密封和标识的问题。密封性能好的包装可以有效防止货物被盗或被污染，确保货物的安全性和品质；而清晰明确的标识可以帮助物流人员识别货物信息和处理方式，降低误操作和丢失的风险。

包装过程中还需要考虑到环保和可持续发展的要求。企业应尽量选择可降解的包装材料，减少对环境的污染和影响；还可以通过包装设计的优化和包装材料的再利用，实现包装资源的最大化利用和循环利用，推动绿色包装的发展。

包装安全性还需要考虑到法律法规和行业标准的要求。企业应遵守相关的包装规定和标准，确保包装材料和设计符合法律法规的要求，并通过认证和检测等方式保证包装质量和安全性。

包装在电子商务物流中具有重要的安全性作用。通过合适的材料选择和设计，密封和标识的注意，环保和可持续发展的考虑，以及法律法规和行业标准的遵守，可以确保货物在运输过程中的安全性和完整性，提高物流效率和客户满意度。

2. 品牌识别度

品牌识别度在电子商务物流中的包装中起着重要作用。包装不仅是保护产品的外壳，也是品牌形象的重要组成部分。因此，在电子商务物流中，企业应该注重包装设计，提升品牌识别度，增强消费者的品牌认知和忠诚度。

包装设计应突出品牌特色。企业应充分利用包装的空间和形式，展示品牌的标识、颜色和形象，确保消费者一眼就能识别出产品的品牌。包装设计还应与品牌定位和产品特点相符，体现品牌的价值观和个性，吸引目标消费者的注意力。

包装材料选择也对品牌识别度有影响。优质的包装材料不仅可以保护产品，还能提升品牌形象。企业应选择环保可持续的包装材料，如可降解材料、可回收材料等，体现企业的社会责任感和环保理念，增强消费者对品牌的好感和信任。

包装的创新性和个性化也是提升品牌识别度的关键。企业可以通过包装设计的创新和个性化，与竞争对手区别开来，树立独特的品牌形象。可以采用特殊的包装结构、印刷工艺或装饰效果，使产品在电子商务平台上脱颖而出，吸引消费者的眼球。

包装还可以成为品牌营销的载体。企业可以在包装上印制品牌故事、产品信息和促销活动，与消费者建立更深层次的情感连接，提升品牌认知和忠诚度。通过包装的精心设计和营销，企业可以在电子商务物流中建立强大的品牌形象，获得竞争优势。

品牌识别度在电子商务物流中的包装中具有重要意义。企业应注重包装设计，突出品牌特色，选择优质环保的包装材料，创新个性化的包装设计，以及利用包装作为品牌营销的载体，提升品牌识别度，增强消费者的品牌认知和忠诚度。这将有助于企业在竞争激烈的电子商务市场中脱颖而出，取得持续发展的优势。

二、电子商务物流的再循环

（一）再循环概述

1. 再循环的定义与意义

再循环，即将废弃物重新利用，成为新的产品或原材料的过程。这一概念在当今的环保意识日益增强的社会中变得越来越重要。再循环的意义不仅在于减少资源的消耗和环境的污染，还在于促进可持续发展和经济增长。在电子商务物流中，再循环扮演着重要的角色，对于降低碳足迹、减少废物产生和提高资源利用率具有重要意义。

再循环有助于降低碳足迹。在电子商务物流中，产品的运输过程会产生大量的碳排放。通过再循环，可以减少对新原材料的需求，从而减少对能源的消耗和碳排放。通过回收利用废旧包装材料，可以减少新包装材料的生产过程中所产生的碳排放。

再循环可以减少废物产生。在电子商务物流中，大量的包装材料会被使用，而这些包装材料往往会成为废物，对环境造成污染。通过再循环，可以将废弃的包装材料重新利用，减少对环境的负面影响。通过回收利用废弃的纸箱和塑料袋，可以减少废物的产生，降低对环境的污染。

再循环有助于提高资源利用率。在电子商务物流中，许多产品都会产生大量的废料，这些废料往往包含着大量的有价值的资源。通过再循环，可以将这些废料重新利用，提高资源的利用率。通过回收利用废旧的电子产品，可以提取出其中的金属和塑料，再次利用于生产新的产品。

再循环在电子商务物流中具有重要的意义。通过再循环，可以降低碳足迹、减少废物产生和提高资源利用率，实现可持续发展的目标。因此，在电子商务物流中，应该重视再循环，加强对再循环的推广和应用，促进物流行业的可持续发展。

2. 电子商务再循环的意义

电子商务再循环具有重要的意义，对环境、资源和经济都有积极影响。再循环是指将废弃物或使用过的产品重新加工或利用，以减少资源消耗和环境污染。在电子商务物流中，再循环不仅可以降低物流活动的碳排放，还可以提高资源利用率，促进经济可持续发展。

电子商务再循环对环境保护具有重要意义。随着电子商务的不断发展，废弃物和包装垃圾的数量也在不断增加，给环境造成了严重的污染和压力。通过再循环，可以将废弃物转化为资源，减少对自然资源的开采，减少对环境的污染。将废弃纸箱、包装材料等进行再循环利用，可以减少森林砍伐和空气污染。

电子商务再循环有助于提高资源利用率。电子产品和包装材料中含有大量珍贵的金属、塑料等资源，通过再循环，这些资源可以得到有效利用，降低了对新资源的需求。通过回收废旧电子产品中的金属和塑料，可以减少对矿石和石油等资源的开采，节约资源成本，提高资源利用效率。

电子商务再循环还可以降低物流活动的碳排放。传统的物流活动往往伴随着大量的能源消耗和碳排放，对环境造成了严重影响。通过再循环包装材料和产品，可以减少原材料的生产和运输，降低物流活动的碳排放。通过回收利用包装材料，可以减少新包装材料的生产和运输，降低碳排放。

电子商务再循环还可以促进经济可持续发展。再循环产业链涵盖了废弃物收集、加工、再生产等多个环节，为社会创造了就业机会，促进了经济增长。再循环还可以降低生产成本，提高企业竞争力。通过回收再利用废弃纸箱和包装材料，可以降低包装成本，提高企业利润。

电子商务再循环对环境、资源和经济都具有重要意义。通过再循环，可以减少对环境的污染，提高资源利用率，降低物流活动的碳排放，促进经济可持续发展。因此，电子商务企业应积极推动再循环，在产品设计、包装材料选择和废弃物处理等方面采取有效措施，为社会和环境做出积极贡献。

（二）再循环的实践与案例

1. 电子商务企业的再循环计划

电子商务企业的再循环计划是为了解决电子商务物流中产生的包装废弃物和环境污染问题。再循环是指将废弃物重新利用或转化为新的资源或产品的过程。在电子商务物流中，再循环计划主要包括废弃包装物的回收利用、包装材料的可降解和可回收利用，以及物流包装环节的绿色改造等方面。

电子商务企业可以通过建立废弃包装物的回收利用系统，实现包装资源的再利用。通过与回收企业或环保组织合作，设立回收站点或回收箱，鼓励消费者将废弃包装物进行分类回收，以便后续进行再加工或再利用。电子商务企业还可以推出奖励措施或回收金制度，激励消费者积极参与废弃包装物的回收，促进包装资源的循环利用。

电子商务企业还可以采用可降解和可回收利用的包装材料，减少对环境的污染和影响。可降解材料是指在自然环境中能够被微生物降解或分解成无害物质的材料，如生物降解塑料、淀粉基材料等；可回收利用材料是指能够通过回收再加工成新的原材料或产品的材料，如纸张、金属、玻璃等。通过采用这些环保材料，可以降低包装废弃物的产生量，减少资源消耗和能源消耗，促进包装环节的可持续发展。

电子商务企业还可以对物流包装环节进行绿色改造，减少包装材料的使用量和包装过程的能源消耗。通过优化包装设计和包装流程，采用轻量化包装和可重复使用的包装材料，减少包装废弃物的产生量；通过引入节能设备和技术，优化包装生产过程和包装设备，降低包装过程的能源消耗。通过这些措施，可以降低电子商务物流中包装环节的碳排放量，实现包装环节的绿色发展和再循环利用。

电子商务企业的再循环计划是为了解决电子商务物流中的包装废弃物和环境污染问题。通过建立废弃包装物的回收利用系统、采用可降解和可回收利用的包装材料，以及对物流包装环节进行绿色改造等措施，可以有效减少包装废弃物的产生量，促进包装资源的再利用和循环利用，实现电子商务物流的可持续发展。

2. 可持续包装的案例分析

在电子商务物流中，可持续包装的案例分析以及再循环的应用对于实现环境可持续性具有重要意义。以下是两个具有代表性的案例分析。

亚马逊的可持续包装倡议是一个典型案例。亚马逊积极推动可持续包装的应用，采取了多项措施来降低包装对环境的影响。亚马逊推广了 Frustration-Free Packaging（简化包装）计划，旨在减少包装材料的使用，降低包装废弃物的产生。亚马逊还鼓励供应商采用可回收材料、可再生材料和可降解材料等环保包装，提高包装的可持续性。这些举措不仅有助于减少环境污染，还能提升消费者的满意度和品牌形象。

苹果公司的包装再循环项目也是一个成功的案例。苹果公司采取了创新的包装设计和再循环方案，旨在降低包装废弃物的产生，并提高包装材料的再利用率。苹果公司推出了环保包装材料，如可回收纸盒、可生物降解的塑料袋等，以减少对环境的影响。苹果公司还积极推动包装材料的再循环利用，如回收利用纸张、塑料和金属等材料，降低资源浪费和环境污染。这些举措使得苹果公司在可持续包装领域取得了显著成绩，并树立了良好的企业形象。

可持续包装的案例分析以及再循环的应用对于电子商务物流的可持续发展具有重要启示。通过推广可持续包装、采用环保材料和推动包装再循环利用，企业可以降低对环境的影响，提高资源利用率，实现环境可持续性和经济可持续性的双赢。因此，企业应积极借鉴和推广可持续包装的成功案例，加强包装再循环的应用，共同推动电子商务物流的可持续发展。

第四节 社会责任与电子商务物流的可持续实践

一、社会责任在电子商务物流中的角色

（一）电子商务物流中的社会责任领域

1. 环境保护与可持续发展

环境保护与可持续发展是当今社会所面临的重要挑战，而电子商务物流作为商业活动

的重要组成部分，承载着重要的社会责任。在电子商务物流中，环境保护与可持续发展的社会责任扮演着关键的角色，体现在以下几个方面。

电子商务物流企业应该积极推动绿色供应链管理。这意味着企业应该与供应商合作，共同促进生产制造过程的环保改进，采用环保材料和清洁能源，降低碳排放和资源消耗。通过建立绿色供应链，企业可以减少环境污染，推动整个产业链的可持续发展。

电子商务物流企业应该倡导绿色消费和低碳生活。企业可以通过宣传教育、产品推广和消费引导等方式，向消费者传递环保理念，引导消费者选择环保产品和服务，减少不必要的资源浪费和能源消耗。通过促进绿色消费和低碳生活，企业可以减少对环境的压力，推动社会实现可持续发展。

电子商务物流企业还应该加强对环境污染和资源浪费的监督和管理。企业应该建立完善的环境管理体系和监测机制，对自身的生产活动和物流运输过程进行全面监控和评估，及时发现和解决环境问题，减少对环境的负面影响。通过加强环境管理，企业可以提高资源利用效率，降低运营成本，增强竞争力。

电子商务物流企业还应该履行社会责任，回馈社会，促进社会公益事业的发展。企业可以通过捐赠资金、参与公益活动、支持环保项目等方式，积极参与社会公益事业，为社会和环境做出积极贡献。通过履行社会责任，企业可以增强社会形象，树立良好的企业品牌，提升社会影响力。

环境保护与可持续发展的社会责任在电子商务物流中具有重要的意义和作用。企业应该积极推动绿色供应链管理，倡导绿色消费和低碳生活，加强环境管理和监督，履行社会责任，促进社会和环境的可持续发展。只有通过共同努力，才能实现经济增长、社会进步和环境保护的良性循环，实现可持续发展的共同目标。

2. 道德商业实践与企业文化

道德商业实践和企业文化在电子商务物流中扮演着至关重要的角色，而社会责任则是这一过程中的核心。道德商业实践涉及企业在商业运营中秉持道德原则和价值观，而企业文化则是塑造员工行为和价值观的关键。社会责任则是企业对社会和环境负责任的体现。在电子商务物流领域，道德商业实践和企业文化的培育以及社会责任的履行至关重要。

道德商业实践和企业文化的培育对于建立良好的商业信誉至关重要。在电子商务物流中，消费者更加关注企业的道德行为和企业文化。如果企业能够秉持高尚的道德原则，塑造良好的企业文化，就能够赢得消费者的信任和尊重，建立良好的商业声誉，从而提升竞争力和市场份额。

道德商业实践和企业文化的培育有助于增强员工凝聚力和团队合作精神。在电子商务物流中，良好的企业文化可以凝聚员工的共同价值观和信念，激发员工的工作热情和创造力，提高工作效率和质量。道德商业实践也能够激励员工遵循正确的商业道德，积极履行社会责任，实现企业和员工的共同发展。

社会责任在电子商务物流中具有重要的作用。企业应当积极履行社会责任，关注社会公益事业，尊重人权和劳工权益，保护环境资源，促进社会公平和经济发展。通过履行社会责任，企业可以获得社会各界的认可和支持，提升品牌形象和竞争力，实现可持续发展。

道德商业实践和企业文化的培育以及社会责任的履行在电子商务物流中发挥着重要的作用。企业应当注重培育高尚的企业文化，塑造良好的商业信誉，积极履行社会责任，推动电子商务物流的可持续发展。只有在道德、文化和社会责任的引领下，企业才能在竞争激烈的电子商务物流市场中取得长期稳健的发展。

(二) 社会责任对企业形象与竞争力的影响

1. 社会责任与品牌价值

社会责任在电子商务物流中扮演着至关重要的角色，对于企业的品牌价值和长期发展具有深远影响。在当今社会，企业不仅仅要关注经济利益，还需要承担起社会责任，积极参与社会公益事业，回馈社会。电子商务物流作为一个快速发展的行业，其社会责任尤为重要，涉及到环境保护、员工福利、消费者权益等多个方面。

社会责任在电子商务物流中体现在环境保护方面。电子商务物流的发展伴随着大量的包装和运输，会产生大量的碳排放和废物。因此，企业需要采取措施来减少对环境的负面影响，保护生态环境。这包括采用环保材料、优化包装设计、提倡绿色物流等措施，以降低碳足迹、减少废物产生，实现可持续发展。

社会责任还体现在员工福利方面。作为企业的一部分，员工是企业发展的重要支柱，他们的福祉和安全对于企业的长期发展至关重要。因此，企业需要关注员工的工作环境、健康和安全，提供良好的福利待遇和职业发展机会，实现员工的全面发展和幸福感。

社会责任也体现在消费者权益方面。作为企业的消费者，他们有权享受到优质的产品和服务，同时也需要保护其合法权益。因此，企业需要建立健全的售后服务体系，保障消费者的权益，提升消费者的满意度和忠诚度。

社会责任还涉及到公益事业的支持和参与。企业作为社会的一员，有责任回馈社会，帮助解决社会问题，促进社会和谐稳定。因此，企业可以通过捐赠慈善机构、开展公益活动等方式来积极参与社会公益事业，提升企业的社会形象和品牌价值。

社会责任在电子商务物流中扮演着重要的角色，对于企业的品牌价值和长期发展具有深远影响。通过积极履行社会责任，企业可以赢得消费者的信任和支持，提升品牌的竞争力和价值，实现可持续发展的目标。因此，在电子商务物流中，企业应该重视社会责任，积极参与社会公益事业，促进社会的繁荣与进步。

2. 社会责任与消费者忠诚度

社会责任在电子商务物流中扮演着重要的角色。随着社会对环境保护、公益事业和道德伦理的关注不断增强，电子商务企业越来越意识到承担社会责任的重要性，不仅是对社会的回馈，也是对企业可持续发展的关键。在电子商务物流中，社会责任体现在以下几个方面。

社会责任在提升企业形象和品牌价值方面发挥着重要作用。通过承担社会责任，电子商务企业可以树立良好的企业形象和品牌形象，增强消费者对企业的信任和认可，提高品牌忠诚度。企业积极参与环保活动、公益事业、慈善捐赠等活动，向社会传递出积极的社会责任形象，赢得了消费者的好感和支持。

社会责任在促进消费者忠诚度方面起着重要作用。消费者在选择购买产品或服务时，除了考虑价格、品质和服务等因素外，还会关注企业的社会责任表现。通过承担社会责任，电子商务企业可以赢得消费者的认可和支持，提高消费者对企业的忠诚度，促进销售增长。企业可以通过推出环保产品、支持公益活动、关注员工福利等方式，吸引消费者的关注和支持，提高消费者忠诚度。

社会责任在提升企业竞争力方面发挥着重要作用。随着消费者对企业社会责任的关注不断增加，社会责任已成为企业竞争的重要因素之一。通过积极履行社会责任，企业可以树立良好的企业形象，提升品牌价值，赢得市场竞争优势。企业可以通过推出环保产品、支持员工培训和发展、关注社区发展等方式，树立自己的社会责任形象，提高企业的竞争力。

社会责任在推动行业发展和促进社会进步方面也起着重要作用。电子商务物流行业的健康发展离不开社会的支持和认可，而积极履行社会责任是实现行业可持续发展的重要保障。通过推动行业规范化、提高服务质量、促进公平竞争等方式，电子商务企业可以推动行业发展，促进社会进步。

社会责任在电子商务物流中扮演着重要的角色，体现在提升企业形象和品牌价值、促进消费者忠诚度、提升企业竞争力、推动行业发展和促进社会进步等方面。电子商务企业应积极履行社会责任，树立良好的企业形象，赢得消费者的认可和支持，促进企业的可持续发展。

二、电子商务物流的可持续实践

（一）可持续物流实践领域

1. 环保包装与再循环利用

在电子商务物流领域，环保包装与再循环利用是实现可持续发展的重要实践。环保包装是指采用环保材料和设计，减少包装废弃物的产生量和对环境的负面影响；再循环利用是指将废弃包装物重新利用或转化为新的资源或产品的过程。这两项实践相辅相成，共同推动电子商务物流的可持续发展。

环保包装的采用对于减少包装废弃物的产生和环境污染具有重要意义。电子商务企业可以选择采用可降解和可回收利用的包装材料，如生物降解塑料、纸张、纤维素等，减少对环境的影响。企业还可以通过优化包装设计和包装流程，减少包装材料的使用量和能源消耗，提高包装效率和资源利用效率。

再循环利用可以实现废弃包装物的资源化利用和循环利用。电子商务企业可以与回收企业或环保组织合作，设立回收站点或回收箱，鼓励消费者将废弃包装物进行分类回收，以便后续进行再加工或再利用。通过建立废弃包装物的回收利用系统，可以实现包装资源的最大化利用和循环利用，减少资源消耗和环境污染。

电子商务企业还可以推动包装供应链的绿色转型和升级。企业可以与供应商合作，共同推动包装材料的环保改进和技术创新，促进绿色包装材料的研发和应用。企业还可以引入环保包装标准和认证制度，推动包装供应链的标准化和规范化，提高整个供应链的环保水平和可持续性。

电子商务企业还可以通过宣传教育和消费引导，促进绿色消费和低碳生活。企业可以利用自身平台和资源，向消费者传递环保理念，推广环保产品和服务，引导消费者选择环保包装和绿色产品，减少不必要的资源浪费和能源消耗。通过推动绿色消费和低碳生活，可以形成良好的消费习惯和生活方式，促进社会的可持续发展。

环保包装与再循环利用是实现电子商务物流可持续发展的重要实践。通过采用环保包装材料、推动再循环利用、促进绿色供应链管理和推动绿色消费，可以减少包装废弃物的产生量，提高资源利用效率，降低环境污染，推动电子商务物流的可持续发展。

2. 节能减排与绿色运输

电子商务物流的可持续实践需要着眼于节能减排和绿色运输。节能减排是指通过降低能源消耗和减少碳排放来保护环境。绿色运输则是指采用环保的运输方式和技术，减少对环境的影响。在电子商务物流领域，实施节能减排和绿色运输是推动可持续发展的关键举措。

节能减排是电子商务物流可持续实践的核心。企业可以采取多种措施来降低能源消耗和碳排放。优化物流网络和配送路线，减少运输距离和运输次数，降低能源消耗。采用节能环保的运输工具和设备，如电动车辆、油气混合动力车辆等，可以减少尾气排放，保护大气环境。采用智能物流技术和物联网技术，实现物流信息的实时监控和优化调度，提高运输效率，减少能源浪费，促进节能减排。

绿色运输是电子商务物流可持续实践的重要手段。企业应选择环保的运输方式和技术，减少对环境的不良影响。优先选择低碳的海运和铁路运输，减少空运和公路运输的使用。采用绿色包装材料和可再生能源，如可降解包装材料、再生能源发电等，减少对资源的消耗和环境的污染。引入绿色物流认证和标准体系，鼓励企业采取绿色运输措施，推动行业向环保可持续方向发展。

政府和社会组织的支持也对电子商务物流的可持续实践至关重要。政府可以制定相关政策和法规，引导企业实施节能减排和绿色运输措施，提供财政和税收支持，鼓励技术创新和产业升级。社会组织可以开展环保宣传和培训，提升企业和消费者的环保意识，促进环保行为和绿色消费，共同推动电子商务物流的可持续发展。

节能减排和绿色运输是电子商务物流可持续发展的关键举措。企业应采取积极的措施，优化物流网络和配送路线，采用节能环保的运输工具和设备，推动环保包装材料的应用，实现节能减排和绿色运输的目标。政府和社会组织也应加强支持和协调，共同推动电子商务物流向着绿色可持续的方向发展。

(二) 电子商务企业的可持续发展策略

1. 环保政策与实践

环保政策对于电子商务物流的可持续实践起着重要的引导和推动作用。随着环保意识的提升和环境问题的日益严峻，各国政府纷纷出台了一系列的环保政策和法规，以规范和促进企业的环保实践。这些环保政策包括限制排放、鼓励节能减排、支持可再生能源等方面，对于推动电子商务物流的可持续发展起到了重要作用。

环保政策对电子商务物流的包装和运输起到了重要的引导作用。许多国家和地区出台了包装管理政策和限塑令，要求企业采用环保材料、减少包装用量，以降低包装的环境影响。政府还出台了运输管理政策，限制排放、鼓励节能减排，推动电子商务物流行业向低碳发展，减少对环境的负面影响。

环保政策促进了电子商务物流行业的技术创新和转型升级。政府通过出台相关政策和扶持措施，鼓励企业投资于环保技术和设备的研发和应用，推动行业向绿色、智能、高效的方向发展。政府可以提供补贴和税收优惠政策，鼓励企业使用清洁能源、采用节能技术，减少碳排放和能源消耗。

环保政策还促进了电子商务物流行业的合作和共建。政府可以通过建立行业标准和规范，推动企业加强合作，共同解决环保问题。政府还可以促进跨界合作，鼓励电子商务物流企业与供应商、客户、第三方服务商等多方合作，共同推动行业的可持续发展。

政府还可以出台财政和金融政策，支持电子商务物流企业开展环保实践。政府可以提供环保补贴和奖励，鼓励企业投资于环保项目和技术创新。政府还可以加大对环保产业的金融支持力度，降低企业投资环保项目的成本，推动行业向可持续发展的方向迈进。

环保政策对电子商务物流的可持续实践起到了至关重要的作用。政府通过出台相关政策和扶持措施，引导和推动企业加强环保实践，推动行业向绿色、智能、高效的方向发展。因此，在电子商务物流的发展过程中，企业应积极响应政府的环保政策，加强环保实践，推动行业的可持续发展。

2. 社会责任项目的开展

电子商务物流的可持续实践需要积极开展各种社会责任项目。这些项目旨在促进企业的社会责任意识，推动企业向可持续发展方向迈进，同时为社会和环境做出积极贡献。

企业可以通过推广环保包装来开展可持续实践。环保包装可以减少对资源的消耗，降低对环境的污染，符合可持续发展的理念。企业可以采用可降解的包装材料、减少包装的使用量，推广可重复利用的包装容器等方式，来降低包装对环境的影响。

企业可以开展碳中和项目，积极减少碳排放量。碳中和是通过减少自身碳排放和支持碳减排项目等方式，实现企业碳排放与碳吸收的平衡。企业可以优化物流网络和运输路线，采用更环保的运输方式，推广低碳技术和清洁能源，来降低物流活动的碳排放量。

企业还可以开展社会公益项目，回馈社会。通过支持教育、环境保护、扶贫济困等公益事业，企业可以提升自身的社会责任形象，树立良好的企业形象和品牌形象。企业可以捐助图书、资助贫困学生、支持环保组织等，为社会和环境做出积极贡献。

　　企业还可以开展员工福利项目，关爱员工。员工是企业发展的重要资源，关爱员工是企业社会责任的重要体现。通过提供良好的工作环境、健康的工作条件、完善的福利待遇等方式，企业可以提高员工的工作满意度和生活质量，促进员工的健康成长和个人发展。

　　电子商务物流的可持续实践需要开展各种社会责任项目，包括推广环保包装、开展碳中和项目、支持社会公益事业、关爱员工等。通过积极开展这些社会责任项目，电子商务物流企业可以树立良好的企业形象，提升品牌价值，赢得消费者的信任和支持，实现可持续发展。

第六章 电子商务物流的效率与成本管理

第一节 电子商务物流的成本结构分析

一、电子商务物流成本结构概述

（一）成本结构的基本分类

1. 直接成本与间接成本

电子商务物流成本结构包括直接成本和间接成本两个方面。直接成本是指与物流活动直接相关的成本，主要包括运输成本、包装成本、仓储成本等；间接成本是指与物流活动间接相关的成本，主要包括管理成本、信息技术成本、售后服务成本等。

运输成本是电子商务物流的主要直接成本之一。运输成本包括货物的运输费用、运输工具的维护保养费用、人力成本等。电子商务企业需要根据货物的特性和运输距离选择合适的运输方式，包括快递、物流、快运等，以最低的运输成本实现货物的安全、快捷配送。

包装成本也是电子商务物流的重要直接成本之一。包装成本包括包装材料的采购成本、包装设计的费用、包装过程的人力成本等。电子商务企业需要根据货物的特性和运输要求选择合适的包装材料和包装方式，保证货物在运输过程中的安全和完整。

仓储成本也是电子商务物流的重要直接成本之一。仓储成本包括仓库租赁费用、仓储设备的采购成本、人力成本等。电子商务企业需要根据销售量和存货周转率确定合适的仓储策略，合理规划仓储设施和库存管理，降低仓储成本，提高运营效率。

除了直接成本之外，间接成本也对电子商务物流的成本结构产生重要影响。管理成本是指企业在物流管理和运营过程中的管理费用，包括物流管理人员的工资、培训费用、管理软件的采购成本等。信息技术成本是指企业在信息系统和技术支持方面的投入，包括物流信息系统的建设和维护费用、电子商务平台的开发和运营费用等。

售后服务成本也是电子商务物流的重要间接成本之一。售后服务成本包括客户服务人员的工资、售后服务设施的维护费用、退货和换货的成本等。电子商务企业需要提供高质量的售后服务，满足消费者的需求，维护企业的声誉和品牌形象，但也需要承担相应的售后服务成本。

电子商务物流成本结构包括直接成本和间接成本两个方面。直接成本主要包括运输成本、包装成本、仓储成本等与物流活动直接相关的成本；间接成本主要包括管理成本、信息技术成本、售后服务成本等与物流活动间接相关的成本。电子商务企业需要合理管理和控制各项成本，提高运营效率，实现可持续发展。

2. 可控成本与固定成本

电子商务物流的成本结构主要包括可控成本和固定成本两个方面。可控成本是指企业在日常经营管理中可以通过调整和控制的成本，而固定成本则是指企业在长期运营中不易变动的成本。了解和分析电子商务物流的成本结构对于企业的经营管理和成本控制至关重要。

可控成本在电子商务物流中占据着重要地位。可控成本包括直接与物流相关的成本，如运输成本、仓储成本、包装成本等。这些成本可以通过优化物流网络、提高运输效率、降低运输距离和运输成本等方式进行调整和控制。企业还可以采用智能物流技术和物联网技术，实现物流信息的实时监控和优化调度，降低物流成本，提高运输效率。

固定成本也是电子商务物流的重要组成部分。固定成本包括与物流设施和设备相关的成本，如仓储设备的租金、人工成本、管理费用等。这些成本通常是在长期运营中固定的，不易变动。企业仍然可以通过提高物流设施和设备的利用率、降低人工成本、优化管理费用等方式来控制固定成本，提高运营效率，降低成本负担。

除了可控成本和固定成本外，电子商务物流还可能涉及到其他一些特殊成本，如营销成本、信息技术成本等。这些成本虽然不属于传统的物流成本，但对于电子商务物流的运营和发展同样具有重要影响。企业应根据实际情况分析和管理这些特殊成本，确保整体成本的控制和管理。

电子商务物流的成本结构包括可控成本、固定成本和特殊成本三个方面。企业应根据自身的实际情况和经营需求，合理分析和管理各类成本，优化物流网络和配送路线，提高运输效率，降低成本负担，实现可持续发展。只有通过有效的成本控制和管理，企业才能在竞争激烈的电子商务物流市场中取得长期稳健的发展。

（二）电子商务物流成本的特点

1. 物流环节的多样性

物流环节的多样性是电子商务物流成本结构的重要组成部分。电子商务物流的成本结构涵盖了多个环节，包括采购、仓储、包装、运输、配送等，每个环节都有不同的成本构成和影响因素。

采购成本是电子商务物流成本结构的重要组成部分之一。采购成本包括采购原材料、产品和服务的成本，以及与供应商的合作费用。采购成本的大小取决于产品的种类和数量、供应商的价格和质量、采购周期等因素。

仓储成本也是电子商务物流成本结构的重要组成部分。仓储成本包括仓库租赁费、仓储设备和人员成本、库存管理费用等。仓储成本的大小取决于仓库的规模和位置、库存周转率、仓储管理水平等因素。

包装成本也是电子商务物流成本结构的重要组成部分之一。包装成本包括包装材料的采购成本、包装设计和制作费用、包装人工和设备费用等。包装成本的大小取决于产品的特性和需求、包装材料的种类和质量、包装设计的复杂程度等因素。

运输成本是电子商务物流成本结构的重要组成部分。运输成本包括运输工具的运营费用、运输人员的工资和福利、运输保险费用等。运输成本的大小取决于运输距离、运输方式、运输工具的种类和数量等因素。

配送成本也是电子商务物流成本结构的重要组成部分之一。配送成本包括配送人员的工资和福利、配送车辆的运营费用、配送路线的规划和管理费用等。配送成本的大小取决于配送范围、配送频率、配送人员的效率等因素。

电子商务物流的成本结构是由多个环节的成本构成组成的。每个环节的成本都受到多种因素的影响，需要企业综合考虑，合理管理，以降低成本、提高效率，实现可持续发展。

2. 成本因素的不确定性

成本因素的不确定性是电子商务物流面临的重要挑战之一。电子商务物流的成本受到多种因素的影响，包括运输成本、包装成本、人力成本、库存成本、技术投入成本等。这些因素的不确定性给电子商务物流企业带来了成本管理的难题，需要企业采取相应的措施来应对。

运输成本是电子商务物流的重要成本之一，但其受多种因素影响，导致不确定性较大。运输成本受到油价波动、交通状况、季节性需求变化等因素的影响，难以准确预测。运输距离、运输方式的选择、配送区域的划分等也会影响运输成本的变化，增加了成本管理的难度。

包装成本也是电子商务物流的重要成本之一，但其受到包装材料价格波动、包装设计的复杂程度、包装规格的变化等因素的影响，导致成本不确定性较大。由于消费者对包装的需求不断变化，电子商务企业需要不断调整包装设计，增加了包装成本的不确定性。

人力成本是电子商务物流的重要组成部分，但其受到劳动力市场供求关系、劳动力成本的上涨、员工福利待遇的提高等因素的影响，使得人力成本的不确定性较大。特别是在订单量波动大、需求季节性变化明显的情况下，人力成本的管理更加困难。

库存成本也是电子商务物流的重要成本之一，但其受到库存管理策略、库存周转率、产品存放地点等因素的影响，导致成本不确定性较大。过高的库存水平会增加库存成本，而过低的库存水平可能导致订单滞销，影响客户满意度，需要企业在库存管理方面进行平衡和优化。

技术投入成本也是电子商务物流的重要成本之一，但其受到技术更新换代、信息系统的运行和维护等因素的影响，使得成本不确定性较大。电子商务物流企业需要不断投入资金来更新技术设备、优化信息系统，以提高运营效率和服务质量，但技术投入成本的变化难以预测，增加了企业的经营风险。

电子商务物流的成本结构受到多种因素的影响，包括运输成本、包装成本、人力成本、库存成本、技术投入成本等。这些因素的不确定性给电子商务物流企业带来了成本管理的难题，需要企业采取相应的措施来应对，例如加强成本控制和管理、优化物流网络和运输路线、提高运营效率和服务质量等，以降低成本风险，实现可持续发展。

二、电子商务物流成本分析

（一）成本分析方法与工具

1. 成本收益分析

电子商务物流成本分析是企业评估物流活动成本与收益的重要手段。这种分析旨在全面了解电子商务物流过程中各项成本的构成和规模，以及这些成本对企业盈利的影响。在进行成本分析时，企业需要考虑到直接成本和间接成本，以及与之相关的各项收益。

直接成本是指与物流活动直接相关的成本，主要包括运输成本、包装成本和仓储成本。运输成本是企业进行物流运输所需支付的费用，包括运输工具的租赁费用、燃料费用和人工成本等。包装成本是指企业为了保护货物而进行的包装所需支付的费用，包括包装材料的购买成本和包装过程的人工成本。仓储成本是指企业为了存放和管理货物而进行的仓储所需支付的费用，包括仓库租金、设备折旧费用和人工成本等。

间接成本是指与物流活动间接相关的成本，主要包括管理成本、信息技术成本和售后服务成本。管理成本是企业在物流管理和运营过程中所需支付的费用，包括管理人员的薪酬、培训费用和办公设备的购置费用等。信息技术成本是指企业在信息系统和技术支持方面所需支付的费用，包括物流信息系统的建设和维护费用、电子商务平台的开发和运营费用等。售后服务成本是指企业为了满足消费者售后需求而进行的服务所需支付的费用，包括客服人员的薪酬、售后服务设施的维护费用和退换货成本等。

在进行成本分析时，企业需要综合考虑各项成本的规模和构成，以及这些成本对企业盈利的影响。还需要分析各项成本与收益之间的关系，评估物流活动对企业盈利的贡献程度。通过成本分析，企业可以发现物流活动中存在的成本浪费和效率低下的问题，制定相应的改进措施，降低成本，提高盈利能力。

企业还可以通过成本收益分析来评估物流活动的投资回报率和经济效益。这种分析可以帮助企业确定物流活动的收益来源和潜在风险，制定合理的投资策略和决策方案。通过对成本和收益的综合分析，企业可以优化物流运营，提高经济效益，实现长期可持续发展。

电子商务物流成本分析是企业评估物流活动成本与收益的重要手段。通过综合考虑直接成本和间接成本的规模和构成，以及与之相关的收益，企业可以发现成本浪费和效率低下的问题，制定相应的改进措施，提高盈利能力，实现可持续发展。

2. ABC 成本法（Activity-Based Costing）

ABC 成本法（Activity-Based Costing）是一种用于成本分析和管理的重要方法，特别适用于电子商务物流领域。该方法基于活动的成本分配原则，通过识别和分析各项活动的成本，为企业提供了更准确和全面的成本信息，帮助企业做出更好的决策。

ABC 成本法强调了活动驱动成本的概念。在电子商务物流中，存在多种活动，如订单处理、仓储管理、运输配送等。每项活动都会消耗企业资源，产生成本。ABC 成本法通过对各项活动进行细致分析，准确计算每项活动的成本，揭示了不同活动对总成本的贡献程度，帮助企业识别和管理成本的主要来源。

ABC 成本法强调了成本驱动因素的重要性。在电子商务物流中，成本驱动因素可能包括订单数量、仓储容量利用率、运输距离等。ABC 成本法通过对成本驱动因素的分析，确定了不同活动成本的主要影响因素，帮助企业优化资源配置，降低成本，提高效率。

ABC 成本法还提供了更准确的产品成本信息。在电子商务物流中，企业可能同时提供多种产品或服务，而传统成本计算方法往往无法准确区分各种产品或服务的成本。ABC 成本法通过将成本分配到各项活动，并根据活动与产品的关联程度，计算出每种产品或服务的实际成本，帮助企业做出更准确的定价和产品策略决策。

ABC 成本法还可以帮助企业识别和管理无效活动。在电子商务物流中，存在一些无效活动，如重复工作、无意义的流程等，会增加成本，降低效率。ABC 成本法通过对活动的细致分析，揭示了无效活动的存在，帮助企业及时识别并采取措施加以改进，提高运营效率和竞争力。

ABC 成本法是电子商务物流成本分析的有效方法，可以帮助企业更准确地了解成本结构和成本驱动因素，优化资源配置，提高效率和竞争力。通过对各项活动的精细分析和成本驱动因素的深入研究，ABC 成本法为企业提供了更可靠和有用的成本信息，助力企业实现可持续发展。

（二）成本收益分类

1. 仓储成本

仓储成本是电子商务物流成本分析中的重要组成部分，其在整个物流过程中占据着重要地位。仓储成本主要包括仓库租赁费、仓储设备和人员成本、库存管理费用等几个方面。

仓库租赁费是仓储成本中的一个主要支出项。电子商务企业需要租赁仓库来存放产品和货物，以满足订单的及时处理和配送需求。仓库租赁费的大小取决于仓库的规模、地理位置和设施设备等因素，不同地区和不同类型的仓库租金水平也会有所不同。

仓储设备和人员成本也是仓储成本中的重要组成部分。为了保证仓库的正常运转和高效管理，电子商务企业需要投入大量的资金用于购买仓储设备和设施，以及雇佣仓储人员进行仓库的日常管理和运营。仓储设备和人员成本的大小取决于仓库的规模和设施设备的先进程度，以及仓储人员的数量和工资水平。

库存管理费用也是仓储成本中的重要支出项。库存管理费用包括库存管理系统的购置和维护费用、库存盘点和管理人员的工资和福利、库存保险费用等。电子商务企业需要投入大量的资金和人力物力来管理和控制库存,以保证库存的准确性和及时性,同时最大程度地降低库存积压和滞销。

还有其他与仓储相关的成本需要考虑,例如仓储安全和保障成本、仓储设备和设施的维护和修理成本等。这些成本虽然可能不是每个月都会发生,但在长期经营中会对企业的盈利能力产生影响。

仓储成本在电子商务物流成本分析中起着重要作用,直接影响着企业的经营效益和竞争力。因此,企业需要合理管理仓储成本,采取有效的措施降低成本、提高效率,以实现企业的可持续发展。

2. 运输成本

电子商务物流的运输成本是企业运营中一个重要的支出项目,直接影响着企业的盈利能力和竞争力。运输成本的分析是电子商务物流成本管理的关键环节之一,它受到多种因素的影响,需要企业进行综合分析和管理。

运输距离是影响运输成本的重要因素之一。通常情况下,运输距离越长,运输成本就越高,因为长距离运输需要消耗更多的燃料和人力资源。因此,电子商务企业需要合理规划物流网络,选择距离更短的运输路线,以降低运输成本。

运输方式的选择也是影响运输成本的重要因素之一。不同的运输方式具有不同的成本和效率。快递、物流、铁路、水路、航空等运输方式各有优劣,企业需要根据产品特性、运输时效、成本考虑等因素综合考虑,选择最适合的运输方式,以降低运输成本。

季节性需求变化也会影响运输成本的波动。在订单量高峰期,企业可能需要增加运输车辆和人力资源,以应对订单量的暴增,这会增加运输成本。因此,电子商务企业需要根据需求的季节性变化,灵活调整物流资源,以降低运输成本。

交通状况和油价波动也会对运输成本产生影响。交通拥堵、道路施工等因素会增加运输时间和成本,而油价的波动会直接影响燃料成本。因此,企业需要及时调整运输计划,选择最经济、最有效的运输路线,以应对交通状况和油价波动带来的成本压力。

运输服务的质量也会影响运输成本。高质量的运输服务可以提高运输效率,减少运输时间和成本。因此,电子商务企业需要选择信誉良好、服务质量高的物流公司或运输服务商,以确保运输服务的稳定性和可靠性,降低运输成本。

电子商务物流的运输成本受到多种因素的影响,包括运输距离、运输方式、季节性需求变化、交通状况和油价波动、运输服务质量等。企业需要综合考虑这些因素,合理规划物流网络,选择合适的运输方式,及时调整运输计划,以降低运输成本,提高运输效率,提升企业竞争力。

第二节 物流效率的提升与优化

一、电子商务物流效率的提升

（一）电子商务物流效率概述

1. 物流效率对电子商务的影响

物流效率对电子商务的影响是至关重要的。物流效率的提升可以直接影响到电子商务企业的运营效率、客户满意度和竞争力。物流效率的基本概念包括物流过程的流程优化、资源合理配置、信息技术应用和服务水平提升等方面。

物流效率的提升意味着物流过程的流程优化和资源合理配置。通过对物流流程进行全面分析和评估，发现并消除流程中的瓶颈和不必要的环节，优化物流路径和运输方案，提高运输效率和资源利用率。合理配置物流资源，包括人力资源、物流设施和运输工具等，确保物流活动能够高效运转，满足客户需求。

物流效率的提升还需要充分利用信息技术来支持和优化物流运作。通过建立高效的物流信息系统和智能物流平台，实现物流信息的实时监控和数据分析，提高物流信息的可视化和透明度。利用物联网、大数据、人工智能等先进技术，优化物流路线规划、货物跟踪和配送管理，提高物流操作的智能化和自动化水平。

物流效率的提升还需要不断提升物流服务水平，满足客户的个性化需求和高品质服务要求。通过优化配送方案和配送时间，提供灵活的送货方式和时间选择，提高配送准时率和服务质量。建立完善的售后服务体系，及时响应客户的投诉和问题，提供专业化的售后服务和解决方案，提高客户满意度和忠诚度。

物流效率对电子商务的影响是多方面的。物流效率的提升可以降低企业的运营成本、提高客户满意度、增强企业竞争力。通过物流流程的优化、资源的合理配置、信息技术的应用和服务水平的提升，可以实现电子商务物流效率的持续提升，促进企业的可持续发展。

2. 提升效率的目的与优势

提升效率在电子商务物流中具有重要的意义和优势。效率提升的基本概念在于通过合理的资源配置和优化的流程设计，实现在给定资源条件下输出更多的产品或服务。电子商务物流领域的效率提升可以带来多方面的优势。

效率提升可以降低成本。通过优化物流流程和资源利用，企业可以减少不必要的资源浪费和成本支出，提高生产和运营效率，降低单位产品或服务的生产成本。这不仅有助于提升企业的竞争力，还可以提高企业的盈利能力。

效率提升可以提高生产和交付速度。在电子商务物流中，快速响应和及时交付是至关重要的。通过提升效率，企业可以加快订单处理和物流配送的速度，缩短订单到达时间，提高顾客满意度，增强品牌竞争力。

效率提升还可以提高服务质量和客户体验。通过优化物流流程和提升运营效率，企业可以更好地满足客户需求，提供更快速、更准确、更可靠的服务，提升客户满意度和忠诚度，增强客户黏性，促进业务增长。

效率提升还可以减少环境影响。电子商务物流的高效运作可以降低能源消耗和碳排放，减少对环境的污染，实现可持续发展。通过采用节能环保的物流技术和绿色运输方式，企业可以降低环境负担，提高社会责任感，树立良好的企业形象。

提升效率是电子商务物流发展的关键举措之一。通过合理的资源配置和优化的流程设计，企业可以降低成本、提高生产和交付速度、提高服务质量和客户体验、减少环境影响，实现可持续发展。因此，企业应当注重效率提升，不断优化物流流程和运营方式，提升竞争力，实现长期稳健的发展。

(二) 影响电子商务物流效率的因素

1. 订单量与订单结构

订单量和订单结构是影响电子商务物流效率提升的基本概念。订单量指的是单位时间内企业接收到的订单数量，而订单结构则是指订单的种类和特征。这两个概念直接关系到物流系统的负荷和运营模式，对于提升物流效率具有重要意义。

订单量的增加对于物流效率提升具有双重影响。订单量的增加可能会增加物流系统的负荷，导致物流处理能力不足、处理时间延长，降低物流效率。订单量的增加也可能带来规模经济效应，促进物流系统的优化和升级，提高物流效率。因此，企业需要合理预测和管理订单量，采取有效措施应对订单量的波动，以确保物流系统的稳定运行和高效运作。

订单结构的优化也是提升物流效率的关键。不同类型的订单具有不同的处理方式和时间要求，对物流系统的影响也不同。因此，优化订单结构，合理安排订单处理顺序和方式，可以提高物流处理效率，降低物流成本。将大宗商品订单和零售订单分开处理，采用批量处理和分拣方式，可以减少物流系统的空闲时间，提高物流效率。

订单量和订单结构的优化需要与物流系统的设计和技术支持相结合。通过采用先进的物流设备和技术，如自动化分拣系统、智能仓储系统等，可以提高物流系统的处理能力和效率，满足不同订单的处理需求。还可以通过物流网络的优化和调整，减少物流路径和运输时间，提高物流效率。

订单量和订单结构是影响电子商务物流效率提升的基本概念。合理管理订单量和优化订单结构，结合先进的物流设备和技术支持，可以提高物流系统的处理能力和效率，降低物流成本，实现物流效率的持续提升。因此，企业应该重视订单量和订单结构的管理和优化，不断改进物流系统，提升竞争力。

2. 供应链网络设计

电子商务物流效率提升的基本概念源于供应链网络设计的优化。供应链网络设计是指企业通过合理规划和布局物流网络，以实现生产、采购、仓储、运输等环节的高效协同，从而提升物流效率，降低成本，增强竞争力。

供应链网络设计需要根据市场需求和产品特性，合理确定供应链网络的结构和布局。这包括确定生产基地、仓储中心和配送中心的位置和数量，以及确定供应链中各个节点的功能和角色。通过合理设计供应链网络，可以实现生产、仓储、配送等环节的高度协同，提高物流效率。

供应链网络设计需要考虑运输模式和运输路线的优化。运输模式的选择包括陆运、海运、空运等多种方式，企业需要根据产品特性、运输时效、成本考虑等因素选择最适合的运输方式。运输路线的优化包括选择最短、最经济的运输路线，合理规划运输计划，减少运输距离和运输时间，降低运输成本。

供应链网络设计需要考虑信息系统和技术支持的应用。信息系统和技术支持包括物流信息系统、仓储管理系统、运输管理系统等，可以实现对供应链网络的实时监控和管理，提高信息共享和协同能力，提升物流效率。通过信息系统和技术支持的应用，企业可以实现订单管理、库存管理、运输跟踪等功能，提高物流运作的智能化和自动化水平，提升物流效率。

供应链网络设计还需要考虑供应商和合作伙伴的选择和管理。供应商和合作伙伴的选择包括选择合适的供应商和合作伙伴，建立稳定的供应关系，确保物流供应的稳定性和可靠性。供应商和合作伙伴的管理包括加强与供应商和合作伙伴的沟通和协调，优化供应链中各个环节的配合和协作，提高供应链网络的整体运作效率。

供应链网络设计是电子商务物流效率提升的基本概念，通过优化供应链网络的结构和布局、优化运输模式和运输路线、应用信息系统和技术支持、加强供应商和合作伙伴的选择和管理等方式，可以提高物流效率，降低成本，增强企业竞争力。电子商务企业应积极开展供应链网络设计，不断优化物流运作，提升服务水平，实现可持续发展。

二、电子商务物流效率优化策略

（一）自动化订单处理与分拣

自动化订单处理与分拣是电子商务物流效率优化的重要策略之一。自动化订单处理指的是利用信息技术和自动化设备对订单进行快速、准确的处理，包括订单接收、订单验证、订单分配等环节；自动化分拣则是利用自动化设备和机器人技术对货物进行快速、精准地分拣和打包，提高物流处理效率和速度。这两项技术的应用可以大幅提升电子商务物流的效率，降低成本，提高客户满意度。

自动化订单处理可以减少人工干预，提高订单处理的速度和准确性。通过建立高效的订单管理系统和自动化订单处理流程，可以实现订单的实时接收、自动验证和自动分配，减少订单处理时间和错误率。自动化订单处理还可以实现订单信息的实时跟踪和查询，提高客户服务水平和客户满意度。

自动化分拣可以提高货物分拣和打包的效率和精度。通过引入自动化分拣设备和机器人技术，可以实现货物的快速、准确分拣和打包，提高物流处理效率和速度。自动化分拣还可以减少人工劳动强度和劳动成本，提高工作环境安全性和舒适度，提高员工工作效率和生产力。

自动化订单处理与分拣还可以实现物流作业的智能化和自动化。通过引入物联网、大数据、人工智能等先进技术，可以实现物流作业的智能化监控和管理，实现订单处理和分拣的自动化控制和调度。还可以实现物流作业的自动化优化和智能化调度，提高物流作业的效率和灵活性。

自动化订单处理与分拣还可以实现物流作业的柔性化和个性化。通过建立灵活的订单处理和分拣系统，可以根据不同的订单类型和需求，实现个性化的订单处理和分拣方案，满足客户的个性化需求和快速响应。还可以实现订单处理和分拣的柔性化调度和运作，根据需求的变化实时调整和优化物流作业流程。

自动化订单处理与分拣是电子商务物流效率优化的重要策略之一。通过自动化订单处理和分拣技术的应用，可以实现订单处理和分拣的快速、准确和智能化，提高物流处理效率和速度，降低成本，提高客户满意度，促进企业的可持续发展。

（二）技术创新与应用

1. 物联网技术在物流中的应用

物联网技术在物流中的应用是电子商务物流效率优化的重要策略之一。物联网技术通过将物体与互联网相连，实现了实时监控、智能识别和远程控制，为电子商务物流提供了更高效、更智能的解决方案。

物联网技术在物流中的应用可以实现实时监控和追踪。通过在货物上安装传感器和RFID标签，企业可以实时监测货物的位置、状态和运输过程，随时掌握货物的运输情况，提高运输的可视性和透明度，降低货物丢失和延误的风险，提升物流运作的效率和安全性。

物联网技术可以实现智能化的库存管理和仓储操作。通过在仓库中安装传感器和智能设备，实现对货物的自动识别、计数和定位，实现货物的自动分拣、存储和取货，减少人工干预，提高仓储操作的效率和准确性，降低人力成本和仓储成本。

物联网技术还可以实现智能的运输调度和路线优化。通过在车辆上安装传感器和导航系统，实时监测车辆的位置、运行状态和交通状况，实现车辆的智能调度和路线优化，选择最优的运输路径和交通工具，减少运输时间和成本，提高运输效率和服务水平。

物联网技术还可以实现供应链的协同管理和信息共享。通过建立物联网平台和云计算系统，实现各个环节的数据共享和信息交流，实现供应链各环节的协同管理和优化，提高供应链的响应速度和灵活性，降低库存水平和供应链风险，提升供应链的整体效率和竞争力。

物联网技术在电子商务物流效率优化中发挥着重要作用。通过实时监控和追踪、智能化的库存管理和仓储操作、智能的运输调度和路线优化、供应链的协同管理和信息共享等方面的应用，物联网技术为电子商务物流提供了更高效、更智能的解决方案，推动了物流行业的数字化转型和智能化发展。

2. 区块链技术在物流供应链中的应用

区块链技术在物流供应链中的应用是电子商务物流效率优化的重要策略之一。区块链技术可以实现物流信息的实时追溯、透明共享和安全保障，提高物流运作的效率和可信度，降低物流成本，提高供应链的可持续性和竞争力。

区块链技术可以实现物流信息的实时追溯和溯源。通过区块链技术，可以将货物的信息和交易记录以区块的形式进行存储和管理，形成不可篡改的分布式账本。这样，可以实现货物的全程追溯，包括生产、加工、运输、存储等每一个环节的信息都可以被追溯到，确保货物的安全和质量。

区块链技术可以实现物流信息的透明共享和数据共享。通过区块链技术，可以实现物流信息的实时共享和多方数据的安全交换，打破信息孤岛，促进信息的流通和共享。这样，可以实现物流各方之间的信息对接和协同作业，提高物流运作的效率和协同性。

区块链技术可以实现物流信息的安全保障和风险管理。区块链技术采用密码学和去中心化的机制，确保信息的安全性和可信度，防止信息被篡改和泄露。这样，可以保障物流信息的安全和隐私，降低信息风险和安全风险，提高物流运作的可靠性和稳定性。

区块链技术还可以实现物流合同的智能化和自动化。通过智能合约技术，可以将物流合同以代码的形式进行编写和执行，实现自动化的合同履行和支付。这样，可以减少人为干预和合同纠纷，提高合同执行的效率和透明度，降低物流成本和风险。

第三节　供应链成本控制与降低策略

一、电子商务供应链成本的分类与影响因素

（一）电子商务供应链成本的分类

1. 采购成本

电子商务供应链的成本主要包括采购成本、运输成本、库存成本和管理成本等。采购成本是电子商务供应链中的重要组成部分，是指企业为获取产品或服务而支付的成本。采购成本的分类主要包括直接成本和间接成本。

直接成本是指与产品采购直接相关的成本，主要包括产品的采购价、运输费用、关税和税费等。采购价是指企业购买产品或服务所支付的价格，直接影响着企业的采购成本。运输费用是指将产品从供应商处运送到企业仓库或配送中心所产生的费用，包括运输、装卸、保险等费用。关税和税费是指进口产品时需要支付的关税和税费，直接影响着产品的采购成本。

间接成本是指与产品采购间接相关的成本，主要包括采购部门的人力成本、采购流程

的管理成本、采购风险管理成本等。人力成本是指为了进行采购活动而支付的员工工资和福利，包括采购员、采购助理等人员的工资成本。采购流程的管理成本是指为了管理采购流程而支付的费用，包括信息系统的投入、采购流程的优化等费用。采购风险管理成本是指为了应对采购风险而支付的成本，包括风险评估、风险管理、风险控制等费用。

2. 信息流成本

信息流成本是指电子商务供应链中与信息处理和传递相关的成本。电子商务供应链成本可以分为三类，即物流成本、库存成本和信息流成本。物流成本主要包括货物的运输和仓储费用；库存成本主要包括存储、维护和资金占用的费用；信息流成本则是指与信息处理和传递相关的费用，包括信息技术系统的建设和维护、数据处理和传输的费用等。

信息技术系统的建设和维护是信息流成本的重要组成部分。企业需要投入大量资金来建立和维护信息技术系统，包括采购硬件设备、软件系统和网络设施等，以支持电子商务供应链的信息化建设和运营。还需要定期更新和维护信息技术系统，保证系统的稳定性和安全性。

数据处理和传输是信息流成本的重要环节。电子商务供应链涉及大量的数据处理和传输，包括订单信息、库存信息、运输信息等。企业需要投入资金和人力资源来开发和维护数据处理系统，实现数据的采集、存储、处理和传输。还需要投入资金和资源来建立和维护数据传输网络，确保数据的安全和稳定传输。

信息流成本还包括与信息处理和传递相关的人力成本。企业需要招聘和培训专业人才来处理和管理电子商务供应链的信息流，包括信息技术人员、数据分析师、网络工程师等。还需要投入人力资源来进行信息流的监控和调度，及时发现和解决信息处理和传递中的问题，确保供应链运作的正常和顺畅。

信息流成本是电子商务供应链成本的重要组成部分，对企业的运营效率和竞争力具有重要影响。通过合理管理和控制信息流成本，企业可以提高信息处理和传递的效率和质量，降低信息处理和传递的成本，提高企业的竞争力和盈利能力。

(二) 影响电子商务供应链成本的因素

1. 物流网络设计

物流网络设计在电子商务供应链成本中扮演着至关重要的角色。电子商务的供应链成本受到多种因素的影响，其中物流网络设计是其中之一。

供应链的地理位置和覆盖范围是影响物流成本的重要因素之一。合理的物流网络设计可以优化运输路线和距离，降低运输成本。如果物流网络覆盖范围广泛，能够快速响应客户需求，减少中转和仓储环节，也能够降低成本。

物流设施的布局和配置对供应链成本有着直接影响。仓库和配送中心的位置、规模和布局都会影响货物的存储、分拣和配送效率，从而影响成本。合理的仓储布局和设施配置可以降低仓储和配送成本，提高效率。

运输模式和运输工具的选择也是影响供应链成本的重要因素。不同的运输模式和工具具有不同的成本和效率特点。快递运输相对快速但成本较高，而海运运输成本相对较低但时间较长。合理选择运输模式和工具，根据产品特性和客户需求，可以有效降低运输成本。

信息技术的应用也对供应链成本有着重要影响。通过信息技术，可以实现供应链的实时监控和数据共享，优化供应链的运作和协调，降低成本。采用物联网技术可以实现货物的实时追踪和监控，提高运输效率，降低运输成本。

供应链的可靠性和灵活性也会影响成本。如果供应链能够及时响应市场变化和客户需求，具备足够的弹性和适应性，可以降低因需求波动和突发事件而造成的成本损失。

政策和法规也是影响供应链成本的重要因素。不同地区的政策和法规可能会影响运输成本、仓储成本等方面。企业需要合理规划物流网络设计，考虑政策和法规的影响，降低供应链成本。

物流网络设计是影响电子商务供应链成本的重要因素之一。合理的物流网络设计可以优化运输路线和距离、降低仓储和配送成本，提高供应链效率和竞争力。因此，企业应重视物流网络设计，根据产品特性、客户需求和市场变化，合理规划和优化物流网络，降低供应链成本，提高企业的竞争力和盈利能力。

2. 采购与供应计划

电子商务供应链成本受到多种因素的影响，其中采购与供应计划是至关重要的。采购与供应计划的有效管理能够直接影响到成本的控制与降低。

供应商的选择和管理对电子商务供应链成本具有重要影响。选择合适的供应商能够确保供应链的稳定性和质量可控，降低了采购成本和风险。与此对供应商的有效管理，包括供应商绩效评估、合同管理和谈判等，能够降低采购成本，提高供应链的效率。

采购量的预测和计划也是影响电子商务供应链成本的关键因素。准确的采购量预测和合理的采购计划能够避免库存过剩或缺货的情况发生，降低库存成本和资金占用。合理的采购计划也能够优化供应链流程，提高供应链的响应速度和灵活性，降低供应链成本。

供应链的灵活性和适应性也会影响成本的控制与降低。如果供应链具有足够的灵活性和适应性，能够及时调整采购计划和供应链流程，应对市场变化和客户需求的变化，可以降低因供应链不灵活而造成的成本损失，提高供应链的效率和竞争力。

信息技术的应用也是影响电子商务供应链成本的重要因素。通过信息技术，可以实现采购与供应计划的自动化和智能化，优化供应链流程，降低采购成本和运营成本。采用供应链管理系统和企业资源计划系统可以实现供应链的实时监控和数据分析，提高采购与供应计划的准确性和及时性，降低成本。

政策和法规也是影响电子商务供应链成本的重要因素。不同地区的政策和法规可能会影响采购和供应链的运作成本。企业需要根据不同地区的政策和法规，合理规划采购与供应计划，降低成本，提高竞争力。

持续改进和创新也是降低电子商务供应链成本的关键。企业应不断进行采购与供应计划的优化和改进,加强与供应商的合作,采用先进的技术和管理方法,提高供应链的效率和灵活性,降低成本,实现可持续发展。

采购与供应计划是影响电子商务供应链成本的重要因素之一。合理选择和管理供应商、准确预测和计划采购量、提高供应链的灵活性和适应性、采用信息技术、遵循政策和法规、持续改进和创新等措施,都能够有效降低电子商务供应链成本,提高企业的竞争力和盈利能力。

二、电子商务供应链成本控制与降低策略

(一) 供应链流程优化

电子商务供应链成本控制与降低策略是电子商务企业实现可持续发展的重要举措。为了有效管理和降低供应链成本,企业可以采取一系列的优化措施和策略。

优化供应链流程是降低成本的关键。通过对供应链各个环节的流程进行全面审视和优化,消除流程中的不必要环节和浪费,提高供应链的运作效率。企业可以优化订单处理流程、库存管理流程、运输配送流程等,以减少不必要的时间和资源浪费,降低成本。

加强供应链协同合作是降低成本的有效途径。通过与供应商、物流服务商、合作伙伴等建立紧密合作关系,共同优化供应链的运作,实现资源共享、信息共享、风险共担。企业可以与供应商建立长期稳定的合作关系,享受批量采购优惠,降低采购成本;与物流服务商合作,优化运输路线和配送方案,降低运输成本。

优化库存管理是降低成本的重要手段。通过精细化的库存管理,合理控制库存水平,避免过高的库存成本和过多的滞销产品。企业可以通过采用先进的库存管理技术和系统,实现对库存的实时监控和管理,精准预测需求,减少库存积压,提高库存周转率,降低库存成本。

采用信息技术和数据分析是降低成本的重要手段。通过信息技术和数据分析,企业可以实现对供应链的实时监控和管理,快速响应市场需求变化,实现精准采购和精准配送,降低供应链的运营成本。企业可以采用供应链管理软件和物流管理系统,实现对供应链各个环节的全面监控和管理,优化资源配置,降低成本。

加强风险管理是降低成本的重要保障。电子商务供应链面临着各种内外部风险,如市场需求变化、供应商倒闭、物流中断等,这些风险可能导致成本上升和运营中断。因此,企业需要建立完善的风险管理体系,加强供应链的稳定性和可靠性。企业可以建立供应链风险评估和预警机制,及时识别和应对潜在风险,降低风险对成本的影响。

电子商务供应链成本控制与降低策略是电子商务企业实现可持续发展的关键举措。通过优化供应链流程、加强供应链协同合作、优化库存管理、采用信息技术和数据分析、加强风险管理等策略,企业可以降低成本,提高供应链的运作效率,增强竞争力,实现可持续发展。

(二) 运输成本控制与优化

1. 运输方式选择与优化

电子商务供应链成本控制与降低策略中，运输方式选择与优化是至关重要的环节。运输方式的选择和优化直接影响着物流成本的控制和降低，对于提高供应链的效率和竞争力具有重要意义。

合理选择运输方式是降低物流成本的关键。不同的运输方式具有不同的成本和特点，企业需要根据货物的特性、运输距离、时效要求和成本考量等因素来选择最合适的运输方式。对于轻量小件的货物，可以选择快递运输方式；对于大宗货物或长途运输，可以选择铁路或海运运输方式，以降低运输成本。

优化运输路线和运输方案是降低物流成本的有效途径。通过分析和评估不同的运输路线和方案，选择最经济、最快捷的运输路线和方案，可以降低运输时间和成本，提高运输效率。可以利用物流信息系统和智能物流平台，实时监控和调度运输车辆，避免拥堵和延误，提高运输效率和准时率。

加强运输管理和协同配送也是降低物流成本的重要手段。通过建立合理的运输管理体系和协同配送机制，实现不同运输方式和运输环节的协调配合，优化资源配置，降低运输成本。可以采用多式联运和合作运输等方式，实现运输资源的共享和优化利用，进一步降低运输成本。

加强运输设备和设施的维护和管理也是降低物流成本的关键。企业需要定期检查和维护运输车辆和设备，保证其正常运转和安全性，减少运输事故和故障，降低维修和保养成本。可以采用节能环保的运输设备和设施，减少能源消耗和环境污染，降低运输成本。

运输方式选择与优化是电子商务供应链成本控制与降低的重要策略之一。通过合理选择运输方式、优化运输路线和方案、加强运输管理和协同配送、加强运输设备和设施的维护和管理，可以降低物流成本，提高供应链的效率和竞争力，促进企业的可持续发展。

2. 路线规划与运输调度优化

路线规划与运输调度优化是电子商务供应链成本控制与降低的重要策略之一。通过合理规划运输路线和优化运输调度，可以降低物流成本、提高运输效率，实现物流运作的高效、快速和经济。

合理规划运输路线是降低物流成本的关键。企业需要根据货物的特性、运输距离、时效要求和成本考量等因素，选择最经济、最快捷的运输路线。通过分析和评估不同的运输路线，选择最合适的路线方案，可以降低运输成本、缩短运输时间，提高物流运作的效率和经济性。

优化运输调度是提高物流运作效率的关键。通过合理调度运输车辆和货物，优化资源配置和运输计划，可以减少空载率和重载率，提高运输利用率和运输效率。

采用多式联运和合作运输是优化运输调度的有效手段。通过多式联运和合作运输，可以实现不同运输方式和运输环节的协调配合，优化资源配置，降低运输成本。可以提高运输网络的覆盖范围和运输能力，提高运输效率和灵活性，降低物流运作的风险和成本。

　　加强运输设备和设施的维护和管理也是优化运输调度的关键。企业需要定期检查和维护运输车辆和设备，保证其正常运转和安全性，减少运输事故和故障，降低维修和保养成本。可以采用节能环保的运输设备和设施，减少能源消耗和环境污染，降低运输成本，提高物流运作的可持续性。

第七章　电子商务物流的创新与竞争优势

第一节　创新在电子商务物流中的角色

一、创新在电子商务物流中的特点

(一) 电子商务物流中的创新形式

1. 技术创新

技术创新在电子商务物流中扮演着重要角色，其特点体现在多个方面。

电子商务物流中的技术创新具有高度的数字化和智能化特点。随着信息技术的不断发展，电子商务物流逐渐实现了数字化和智能化的转型。物流信息系统和智能物流平台可以实现货物的实时监控、数据分析和智能调度，提高物流运作的效率和质量。采用物联网、大数据、人工智能等先进技术，可以实现物流操作的自动化和智能化，提高物流作业的智能水平和自动化程度。

电子商务物流中的技术创新具有开放性和共享性特点。电子商务物流涉及多个参与主体，包括生产商、物流商、零售商等，各方之间需要进行信息共享和合作。通过开放的技术平台和共享的数据资源，可以实现各方之间的信息对接和协同作业，提高供应链的整体效率和竞争力。还可以促进产业链和价值链的协同创新，推动电子商务物流行业的发展和进步。

电子商务物流中的技术创新具有快速迭代和灵活应变的特点。随着市场需求和技术进步的变化，电子商务物流需要不断调整和优化技术方案，以适应市场变化和客户需求。通过快速迭代和灵活应变，可以及时更新和升级物流技术和系统，提高物流运作的适应性和灵活性，保持竞争优势。

电子商务物流中的技术创新还具有跨界融合和生态共生的特点。电子商务物流涉及多个领域和行业，包括物流、电子商务、信息技术等，各方之间需要进行跨界融合和协同创新。通过技术创新，可以实现物流、电商、技术等多方资源的整合和共享，形成良性的生态系统，推动电子商务物流产业的健康发展和持续增长。

电子商务物流中的技术创新具有数字化和智能化、开放性和共享性、快速迭代和灵活应变、跨界融合和生态共生等特点。通过技术创新，可以提高物流运作的效率和质量，推动电子商务物流行业的发展和进步，实现供应链的升级和转型。

2. 流程创新

流程创新在电子商务物流中具有独特的特点，这些特点对于推动电子商务物流的发展和提升效率至关重要。

电子商务物流的流程创新注重的是信息化和智能化。相比传统物流，电子商务物流更加依赖于信息技术和数字化平台。因此，流程创新更多地集中在利用先进的信息技术，如物联网、人工智能和大数据分析，实现物流流程的自动化、智能化和高效化。通过智能仓库管理系统实现货物的自动分拣和智能配送，通过预测算法实现库存管理和运输调度的优化，从而提高物流效率和服务质量。

电子商务物流的流程创新强调的是灵活性和快速响应能力。电子商务的特点是订单数量和种类多、需求波动大，因此物流流程需要具备足够的灵活性和适应性，能够快速响应市场变化和客户需求的变化。因此，流程创新更多地关注如何构建灵活的供应链网络和快速响应的物流流程，通过实时数据监控和快速调整，满足客户的个性化需求，提高客户满意度。

电子商务物流的流程创新强调的是跨界合作和生态共建。电子商务物流涉及到多个环节和多个参与者，包括供应商、物流公司、电商平台和客户等。因此，流程创新更多地关注如何打破各个环节之间的壁垒，建立合作共赢的生态系统，实现资源共享和信息互通。通过与供应商和物流公司的紧密合作，实现供应链的整合和优化；通过与电商平台和客户的紧密合作，实现订单和物流信息的实时共享，提高运营效率和服务水平。

电子商务物流的流程创新注重的是用户体验和品牌建设。电子商务的成功离不开良好的用户体验和强大的品牌影响力。因此，流程创新更多地关注如何通过优化物流流程，提升用户体验，增强品牌认知度和用户黏性。通过提供快速便捷的配送服务、灵活多样的配送选项、可追溯的物流信息等方式，提高用户满意度和忠诚度，树立良好的品牌形象。

电子商务物流的流程创新具有信息化和智能化、灵活性和快速响应、跨界合作和生态共建、用户体验和品牌建设等特点。这些特点对于推动电子商务物流的发展和提升效率起着至关重要的作用，是电子商务物流不断创新和发展的重要动力。

(二) 创新对电子商务物流的影响

1. 提升效率与降低成本

在电子商务物流中，提升效率与降低成本是至关重要的目标。创新在这一领域的特点体现在多个方面。电子商务物流借助信息技术的发展，实现了智能化管理。通过物联网、大数据分析和人工智能等技术，企业能够实时监控货物流动情况，提前预警可能出现的问题，从而及时调整方案，降低运输成本，提高配送效率。

电子商务物流创新了配送模式。传统的物流配送往往采用集中式仓储和批量配送的方式,而电子商务物流则更加注重个性化和即时性。通过建立多个小型仓库和灵活的配送网络,可以实现快速响应客户需求,缩短配送时间,提升用户体验。

电子商务物流也在物流信息化方面取得了重大进展。通过建立统一的信息平台,整合供应链上下游的信息资源,实现了订单管理、库存管理、运输管理等各个环节的信息共享和实时更新。这样一来,不仅可以降低信息传递和处理的成本,还能够减少信息不对称带来的风险,提高供应链的透明度和稳定性。

电子商务物流还推动了物流服务的个性化和定制化发展。企业可以根据客户的需求和偏好,提供定制化的物流服务,如定时配送、特殊包装等,从而提升客户满意度,增强竞争优势。

电子商务物流的创新特点主要体现在智能化管理、配送模式创新、物流信息化和个性化定制服务等方面。这些创新不仅提升了物流效率,降低了成本,还为企业带来了更多的商业机会和竞争优势。

2. 推动行业发展与持续创新

电子商务物流领域的持续创新对推动行业发展起着至关重要的作用。创新在电子商务物流中具有以下几个特点。

技术创新是电子商务物流的核心。随着信息技术的不断发展和普及,电子商务物流可以借助云计算、大数据、人工智能等先进技术,实现对物流运作的智能化、自动化和数据化管理。物流信息系统可以实时监控物流运输过程,提供实时数据分析和预警,帮助企业做出及时决策,优化物流运作,提高运营效率。

服务创新是电子商务物流的重要特点之一。电子商务物流企业可以通过不断改进和创新服务模式,提升客户体验,增强市场竞争力。引入多样化的配送服务,如定时配送、智能配送、定制化配送等,满足消费者个性化需求;引入逆向物流服务,如退货换货、售后服务等,提升客户满意度和忠诚度。

商业模式创新是电子商务物流的重要特点之一。电子商务物流企业可以通过创新商业模式,打破传统物流模式的束缚,探索新的商业模式,实现企业的可持续发展。物流共享平台模式可以将物流资源进行共享和优化配置,提高资源利用率;物流即时配送模式可以实现订单的及时配送和即时满足客户需求,提高用户体验和品牌价值。

合作创新是电子商务物流的重要特点之一。电子商务物流企业可以通过与供应商、物流服务商、合作伙伴等建立紧密合作关系,共同创新解决方案,实现资源共享、信息共享、风险共担。与供应商合作开展定制化产品配送服务,实现产品的个性化定制和快速配送;与物流服务商合作开展智能物流解决方案,实现物流运作的智能化和自动化。

创新在电子商务物流中具有技术创新、服务创新、商业模式创新和合作创新等特点。通过不断创新,电子商务物流企业可以提升自身竞争力,满足消费者不断变化的需求,推动行业发展,实现可持续发展。因此,创新在电子商务物流中具有重要意义,是推动行业发展和持续创新的关键动力。

二、电子商务物流中的创新实践

（一）技术创新

1. 物流信息技术应用

在电子商务物流领域，物流信息技术的应用不断创新，推动着行业的发展和提升。以下是一些创新实践的例子。

智能物流仓储系统的应用是一项创新实践。通过使用物联网技术和传感器，智能物流仓储系统可以实现对仓库内货物的实时监控和管理。智能货架可以自动识别并记录货物的放置位置和数量，无人机和 AGV（自动引导车）可以实现货物的自动分拣和搬运，提高了仓储操作的效率和准确性。

基于大数据分析的智能物流路径优化是另一项创新实践。通过收集和分析物流运输数据、交通状况和天气信息等，企业可以优化物流配送路线和运输方案，实现最短路径和最低成本的配送。通过大数据分析，企业可以根据不同地区的交通情况和订单量，灵活调整配送路线和送货时间，提高配送效率和客户满意度。

无人驾驶技术在电子商务物流中的应用也是一项创新实践。无人驾驶技术可以实现物流配送车辆的自动驾驶和无人化操作，减少了人力成本和人为错误。无人驾驶配送车可以根据预设路线和地图自动导航，完成货物的送货任务，同时可以通过传感器和摄像头实时监控货物和周围环境，确保配送过程的安全和顺利进行。

区块链技术在电子商务物流中的应用也呈现出创新实践。区块链技术可以实现对物流信息和交易数据的安全和透明记录，确保数据的完整性和可信度。通过区块链技术，企业可以实现对供应链各环节的数据记录和跟踪，包括货物的生产、运输和交付过程，从而提高了供应链的透明度和可追溯性，减少了信息不对称和欺诈风险。

物流信息技术在电子商务物流中的创新实践不断推动着行业的发展和提升。通过智能物流仓储系统、基于大数据分析的智能物流路径优化、无人驾驶技术和区块链技术的应用，企业可以实现物流操作的智能化、高效化和安全化，提高了物流效率和服务水平，增强了竞争力和市场地位。

2. 物流自动化与智能化

物流自动化与智能化是电子商务物流中的重要创新实践，为提升效率、降低成本、提高服务质量等方面带来了巨大的改变和机遇。

物流自动化的实践在电子商务物流中具有重要意义。通过自动化设备和系统，企业可以实现仓储、分拣、包装等环节的自动化操作，提高作业效率，降低人力成本，减少错误率。采用自动化仓储系统可以实现货物的快速存取，提高仓储效率；自动化分拣系统可以实现货物的快速分拣和打包，提高订单处理速度。这种物流自动化的实践能够大大提高物流处理的效率和精度，为电子商务物流的发展提供了重要支持。

智能化的实践也是电子商务物流中的重要创新方向。通过引入智能技术和人工智能算法，企业可以实现物流配送的智能化管理和优化。通过智能路线规划系统，可以实现配送路线的智能优化，减少配送时间和成本；通过智能配送调度系统，可以实现配送车辆的智能调度和监控，提高配送效率和服务质量。这种智能化的实践能够提高企业的竞争力，提升客户体验，为电子商务物流的持续发展打下良好基础。

物流自动化与智能化的实践还能够推动电子商务物流的创新发展。通过不断引入新技术、新设备和新模式，企业可以实现物流流程的不断优化和创新。通过引入无人配送技术，可以实现配送过程的自动化和智能化，提高配送效率和准确度；通过引入物联网技术，可以实现对物流环节的实时监控和数据采集，提高物流信息的可视化和透明度。这种创新实践能够不断提升电子商务物流的竞争力和服务水平，推动整个行业的健康发展。

通过不断推动物流自动化和智能化的实践，企业能够实现物流管理的全面升级，提升竞争力，为客户提供更优质的服务体验，推动电子商务物流行业的健康发展。因此，企业应该积极推动物流自动化与智能化的实践，不断探索创新，提高物流管理水平，实现可持续发展。

（二）流程创新

1. 供应链端到端流程优化

电子商务物流在供应链管理中扮演着至关重要的角色。优化供应链端到端流程不仅可以提高效率，还可以降低成本、提升客户满意度。在当今竞争激烈的市场环境下，创新实践成为推动电子商务物流发展的关键。以下将就电子商务物流中的创新实践进行论述。

智能化技术在电子商务物流中的应用是一项重要的创新实践。通过物联网技术，物流企业可以实现对货物的实时跟踪和监控，从而提高物流运输的可视性和透明度。利用传感器和 RFID 技术，可以实现对货物的位置、温度、湿度等参数的监测，确保货物在运输过程中的安全和品质。利用大数据分析和人工智能技术，可以对物流运输过程进行预测和优化，提前发现潜在问题并采取措施加以解决，从而提高物流运输的效率和准确性。

共享经济模式的兴起也为电子商务物流带来了新的发展机遇。通过共享经济模式，物流企业可以实现资源的共享和合作，提高资源利用率和运输效率。一些物流企业可以共享货车和仓储设施，通过合作共赢的方式降低成本、提高效率。共享经济模式还可以促进物流企业之间的合作和协同，形成更加完整和高效的供应链网络。

绿色物流也是电子商务物流中的一项重要创新实践。随着环境保护意识的增强，越来越多的物流企业开始重视环保和可持续发展。通过采用环保的包装材料、优化运输路线、推广电动车辆等方式，物流企业可以降低碳排放和环境污染，实现绿色物流的目标。绿色物流不仅可以提升企业的社会责任形象，还可以满足消费者对环保产品的需求，提升品牌竞争力。

智能化技术、共享经济模式和绿色物流是电子商务物流中的三大创新实践。通过不断探索和应用这些创新实践，物流企业可以提高供应链端到端流程的效率和质量，实现可持续发展和长期竞争优势。

2. 逆向物流流程创新

逆向物流流程创新在电子商务物流中具有重要意义，它指的是对退货、退款、产品返厂等逆向物流环节进行创新和优化，以提高物流效率、降低成本、增强企业竞争力。

电子商务企业通过引入智能化技术和信息系统，优化逆向物流流程。建立自动化的退货处理系统，通过条形码、RFID 等技术实现退货商品的快速识别和处理，减少人工干预和处理时间，提高退货处理效率。利用大数据和人工智能技术分析退货原因和趋势，为企业提供更加精准的退货预测和管理方案，降低退货率和成本。

电子商务企业通过创新物流配送和回收环节，实现资源的最大化利用和循环利用。建立绿色物流配送网络，采用环保包装材料和低碳配送方式，减少物流过程中的能源消耗和碳排放，降低对环境的影响。建立产品回收和再利用机制，对退货商品进行分类处理，实现产品的二次销售、再制造或回收利用，减少资源浪费和环境污染，实现循环经济和可持续发展。

电子商务企业通过提供个性化的退货服务，提升消费者体验和品牌形象。建立灵活的退货政策和服务标准，允许消费者选择退货方式和退款方式，满足不同消费者的需求和偏好。提供便捷的退货渠道和快速的退款流程，减少消费者的等待时间和不便，提高客户满意度和忠诚度，增强企业品牌竞争力。

电子商务企业通过加强与物流服务提供商和合作伙伴的合作，共同推动逆向物流流程创新。与快递公司、仓储服务商等建立战略合作关系，共享物流资源和信息系统，实现物流服务的一体化和优化，提高物流效率和服务水平。与供应商和生产商建立合作关系，共同开发绿色包装材料和可再生资源，推动循环经济和绿色物流的发展。

电子商务物流中的逆向物流流程创新是推动物流行业发展的重要方向。通过引入智能化技术、优化物流配送、提供个性化服务、加强合作共赢等创新实践，企业能够提高逆向物流效率、降低成本、增强竞争力，实现可持续发展和共享价值。

第二节 电子商务物流的竞争策略

一、电子商务物流竞争策略概述

（一）低成本竞争策略

1. 规模效益与成本控制

在电子商务物流中，规模效益和成本控制是关键的竞争策略。规模效益是指随着规模的扩大，单位成本的降低现象。在电子商务物流中，通过规模效益可以实现成本的优化，提高竞争力。

规模效益在仓储和运输环节的应用是至关重要的。随着销售量的增加，仓储和运输成本可以得到有效的分摊，从而降低了单位物流成本。大型电商企业可以通过集中式仓储和配送中心，实现仓储成本的降低；还可以通过与物流公司签订长期合作协议，获得更有竞争力的运输价格。这样可以降低物流成本，提高运作效率，增强企业的竞争力。

成本控制是实现规模效益的关键。在电子商务物流中，有效的成本控制可以帮助企业降低生产、仓储和运输等方面的成本，实现规模效益的最大化。企业可以采取采购集中、库存精细管理、运输路线优化等措施，降低采购成本、库存成本和运输成本。还可以通过信息技术的应用，实现物流过程的自动化和智能化，减少人力成本和运营风险。这样可以提高成本控制水平，增强企业的盈利能力和竞争优势。

规模效益和成本控制也需要与供应链的协同合作相结合。在电子商务物流中，供应链各环节之间的协同合作可以实现资源的共享和优化，进一步降低了成本和提高了效率。企业可以与供应商建立长期合作关系，共同优化供应链的采购和生产流程，降低采购成本和生产成本；还可以与物流公司进行合作，共同优化物流配送路线和运输方案，降低运输成本和配送成本。这样可以实现供应链各环节之间的协同优势，提高整体供应链的竞争力。

规模效益与成本控制是电子商务物流竞争策略的重要组成部分。通过实现规模效益，企业可以降低单位物流成本，提高运作效率，增强竞争力；通过有效的成本控制，可以进一步实现规模效益的最大化，降低生产、仓储和运输等方面的成本，增强企业的盈利能力和竞争优势。规模效益和成本控制还需要与供应链的协同合作相结合，实现供应链各环节之间的资源共享和优化，进一步提高整体供应链的竞争力和效率。

2. 价格竞争与促销策略

电子商务物流领域的竞争激烈，价格竞争与促销策略是企业在这个竞争环境中制定的关键策略之一。价格竞争是指企业通过降低产品价格来争夺市场份额，吸引消费者的购买。在电子商务物流中，价格竞争不仅局限于产品价格，还包括物流服务的价格，如运输费用、快递费用等。企业通过制定具有竞争力的价格策略来吸引消费者，并在竞争中取得优势地位。

价格竞争在电子商务物流中的实践体现在多个方面。企业可以通过降低产品价格来提高产品的竞争力。在同类产品众多的情况下，降低产品价格可以吸引更多的消费者，增加销量，提高市场份额。企业可以通过降低物流成本来降低物流服务的价格。通过与物流企业谈判，降低运输费用，减少物流环节的成本，从而降低最终消费者的物流成本。

除了价格竞争，促销策略也是电子商务物流中的重要竞争策略之一。促销策略是指企业通过一系列的促销活动来吸引消费者购买产品或使用服务。在电子商务物流中，促销策略包括满减活动、折扣活动、赠品活动等。企业通过促销策略可以刺激消费者的购买欲望，增加销量，提高市场份额。

价格竞争与促销策略在电子商务物流中的实践有着多种形式。企业可以通过定期举办促销活动来吸引消费者，如双11、618等电商节。这些促销活动通常伴随着大幅度的价格优惠和各种促销优惠，吸引了大量消费者的关注和购买。企业还可以通过推出会员制度、积分兑换等方式来提升消费者的忠诚度，增加消费者的复购率，进而提高销售额。

价格竞争与促销策略是电子商务物流中的重要竞争策略，通过制定具有竞争力的价格策略和促销活动，企业可以吸引更多的消费者，提高销量，提高市场份额。在竞争激烈的市场环境下，企业需要不断创新，灵活运用价格竞争与促销策略，才能在市场中取得更大的竞争优势。

(二) 差异化竞争策略

1. 产品与服务差异化

产品与服务差异化是电子商务物流竞争策略中的重要一环。这种策略突出了企业的独特性和价值，通过提供独特的产品和服务，吸引消费者，提高市场份额和竞争力。

差异化产品是电子商务物流竞争的关键。企业通过创新设计、高品质和独特功能等方式，打造与众不同的产品。提供特色产品线，定制化产品或专属品牌，满足消费者不同的需求和偏好。不断进行产品创新和研发，引入新技术和新材料，提高产品性能和品质，增加产品的附加值和竞争优势。

差异化服务是电子商务物流竞争的重要手段。企业通过提供独特的服务体验和增值服务，提升消费者的购物体验和满意度。提供个性化定制服务、快速配送服务、延长退换货期限等增值服务，满足消费者的个性化需求和特殊要求。建立完善的售后服务体系，提供及时有效的客户支持和问题解决方案，增强客户忠诚度和口碑效应。

差异化定价是电子商务物流竞争的重要策略。企业通过灵活的定价策略和差异化定价模式，实现价格竞争和市场占有率的提升。采取差异化定价策略，根据产品属性、品牌知名度、市场需求等因素确定不同价格，满足不同消费者的支付能力和消费心理。引入折扣促销、套餐优惠等差异化定价模式，吸引消费者的注意力，提高购买意愿和购买频率。

差异化营销是电子商务物流竞争的关键。企业通过个性化营销、品牌建设和营销创新等方式，塑造独特的品牌形象和市场地位。通过社交媒体营销、内容营销、影响力营销等新型营销手段，吸引目标消费者的关注和参与，提高品牌曝光度和影响力。加强与行业合作伙伴的合作，共同推广产品和服务，扩大市场覆盖面和影响范围。

产品与服务差异化是电子商务物流竞争的重要策略之一。通过差异化产品、差异化服务、差异化定价和差异化营销等手段，企业能够实现产品和服务的个性化定制，提高市场竞争力，赢得消费者的青睐和信赖，实现持续发展和增长。

2. 品牌建设与品牌溢价

电子商务物流竞争策略的概述涉及到品牌建设与品牌溢价。品牌建设是电子商务物流企业长期发展的重要战略之一，它不仅能够提升企业的知名度和声誉，还能够为企业创造品牌溢价，实现利润最大化。

品牌建设是电子商务物流企业提升竞争力的关键之一。在激烈的市场竞争中，建立和强化品牌形象可以帮助企业树立良好的企业形象和品牌声誉，增强消费者对企业的信任和忠诚度。通过品牌建设，企业可以塑造独特的品牌文化和价值观，与消费者建立情感连接，形成品牌认同感。这样可以提高企业在市场上的竞争力，吸引更多消费者选择企业的产品和服务。

品牌建设是实现品牌溢价的关键手段之一。品牌溢价是指消费者愿意为品牌而支付的额外价格，是品牌价值的体现。通过建立和强化品牌形象，企业可以提升产品和服务的附加值，创造品牌溢价，提高产品的售价和利润水平。消费者通常愿意为具有良好品牌声誉和高品质保障的产品支付更高的价格。这样可以帮助企业提高产品的利润率和市场地位，实现更好的经济效益和财务表现。

品牌建设还可以帮助企业在市场竞争中树立差异化竞争优势。在同质化竞争日益激烈的市场环境中，具有独特品牌形象和价值观的企业更容易受到消费者的关注和青睐。通过品牌建设，企业可以塑造独特的品牌故事和品牌形象，与竞争对手区分开来，建立起独特的竞争壁垒。这样可以帮助企业在市场竞争中占据优势地位，稳固市场份额，实现持续稳定的盈利增长。

品牌建设与品牌溢价是电子商务物流竞争策略中的重要环节。通过建立和强化品牌形象，企业可以提升竞争力，创造品牌溢价，实现产品的价值最大化。品牌建设不仅可以提高企业的知名度和声誉，还可以为企业带来持续稳定的经济效益和市场竞争优势。因此，电子商务物流企业应该重视品牌建设，注重品牌价值的打造和传播，不断提升品牌竞争力，实现可持续发展。

二、电子商务物流竞争策略的应用

（一）物流成本控制与效率提升

电子商务物流领域的竞争愈发激烈，企业必须采取有效措施控制物流成本并提升效率以保持竞争优势。物流成本控制和效率提升是企业竞争策略的重要组成部分，对于电子商务企业而言尤为重要。

控制物流成本是电子商务企业的关键挑战之一。物流成本包括仓储成本、运输成本、人力成本等多个方面。企业可以通过优化物流网络、提高运输效率、降低人力成本等方式来控制物流成本。企业可以利用物流科技和智能化技术优化仓储管理和库存控制，减少库存积压和库存成本。企业还可以通过谈判和合作与物流服务提供商达成更优惠的价格协议，降低运输成本。企业还可以采取有效的人力管理措施，提高员工工作效率，降低人力成本。

提升物流效率是电子商务企业的另一大挑战。物流效率直接影响着订单处理速度、配送速度和客户满意度。企业可以通过优化物流流程、提高配送准时率、缩短配送时间等方式来提升物流效率。企业可以采用智能调度系统和路线优化算法，提高配送车辆的利用率和配送效率。企业还可以通过提前预测和规划订单量，合理安排仓储和配送资源，提高订单处理和配送的效率。

除了物流成本控制和效率提升，电子商务企业还可以通过技术创新和合作创新来应用竞争策略。企业可以利用物联网技术和大数据分析技术实现对物流运输过程的实时监控和管理，提高运输效率和准确性。企业还可以与物流企业、共享经济平台等合作，共享物流资源，降低物流成本，提高物流效率。

物流成本控制和效率提升是电子商务物流竞争策略的关键要素，企业可以通过优化物流网络、提高运输效率、技术创新和合作创新等方式来应用竞争策略，提升竞争力，实现可持续发展。在竞争激烈的市场环境下，企业需要不断创新，不断优化物流成本和效率，才能在市场中取得更大的竞争优势。

（二）服务差异化与客户体验提升

1. 最后一公里服务创新

电子商务物流领域的竞争日益激烈，最后一公里服务的创新成为企业竞争的焦点之一。最后一公里服务指的是将货物从仓库或配送中心送达客户手中的整个过程，是消费者购物体验的最后一环。在电子商务物流中，最后一公里服务的创新可以帮助企业提升竞争力，增强用户黏性，提高用户满意度。

最后一公里服务创新的实践主要体现在提升配送速度和增加配送灵活性两个方面。通过提升配送速度，企业可以满足消费者对快速送达的需求，提高用户体验。企业可以采用智能调度系统和路线优化算法，提高配送效率，缩短配送时间。通过增加配送灵活性，企业可以满足消费者对灵活配送时间和地点的需求，提高用户满意度。企业可以推出晚间配送、预约配送等服务，满足消费者在工作日或偏远地区的配送需求。

最后一公里服务创新的实践还可以通过技术创新来实现。企业可以利用物联网技术和人工智能技术实现对配送车辆和配送人员的实时监控和调度，提高配送效率和准确性。企业还可以推出智能配送箱、智能柜等配送设备，提升配送的自动化程度，降低配送成本，提高用户体验。

除了技术创新，最后一公里服务创新的实践还可以通过合作创新来实现。企业可以与物流企业、共享经济平台等合作，共享配送资源，提高配送效率。企业还可以与社区商户、便利店等合作，建立配送网点，实现就近配送，提高配送的灵活性和便捷性。

最后一公里服务创新是电子商务物流竞争策略的重要组成部分，通过提升配送速度、增加配送灵活性、技术创新和合作创新等方式，企业可以提升竞争力，增强用户黏性，提高用户满意度。在竞争激烈的市场环境下，企业需要不断创新，不断优化最后一公里服务，才能在市场中取得更大的竞争优势。

2. 售后服务与客户关系管理

售后服务和客户关系管理在电子商务物流竞争策略中扮演着至关重要的角色。这两个方面的应用不仅能够提高客户满意度和忠诚度，还能够增强企业的竞争力和市场地位。

良好的售后服务能够提升客户满意度。当客户在购买产品或者接受服务后遇到问题时，及时、有效地提供售后服务能够解决客户的困扰，满足客户的需求。这包括提供快速的售后响应、解决客户问题、及时处理退换货等方面。通过提供优质的售后服务，企业能够树立良好的品牌形象，增强客户的满意度和信任感。

客户关系管理是电子商务物流竞争策略的重要组成部分。通过建立完善的客户关系管理系统，企业能够更好地了解客户的需求、偏好和行为习惯，实现对客户的个性化服务和精准营销。这包括收集客户数据、分析客户信息、建立客户档案、定制个性化推荐等方面。通过与客户建立良好的互动和沟通，企业能够增强客户忠诚度，提高客户留存率。

有效的售后服务和客户关系管理能够带来重要的商业价值。通过提高客户满意度和忠诚度，企业能够吸引更多的忠诚客户，提高客户终身价值，实现持续增长和盈利。通过客户关系管理系统的分析和挖掘，企业能够发现潜在的销售机会和市场趋势，帮助企业制定更加精准的营销策略和市场推广计划，提高销售额和市场份额。

有效的售后服务和客户关系管理不仅能够增强企业的竞争力，还能够促进行业发展和共赢合作。通过不断提升服务质量和客户体验，企业能够树立行业标杆，推动行业规范化和标准化发展。加强与客户的沟通和合作，共同探讨解决方案，实现共赢合作和共同发展。

售后服务和客户关系管理是电子商务物流竞争策略中的重要组成部分。通过提供优质的售后服务、建立良好的客户关系管理系统，企业能够提高客户满意度和忠诚度，增强市场竞争力，实现持续发展和共赢合作。

第三节　电子商务物流创新的成功案例

一、电子商务物流创新成功案例概述

（一）亚马逊 Prime 会员服务

1. 快速配送与免费送货

亚马逊 Prime 会员服务是电子商务物流领域的一项成功创新，其快速配送和免费送货服务在市场上取得了巨大成功。

亚马逊 Prime 会员服务的快速配送特点是其成功的关键之一。亚马逊 Prime 会员可以享受到一日或两日内送货的快速配送服务，这大大缩短了顾客等待商品到货的时间。亚马逊通过在全球建立起强大的仓储和物流网络，实现了商品的快速分拣、包装和配送。亚马逊在全球范围内建立了大量的物流中心和配送站点，利用先进的物流技术和自动化设备，实现了订单的及时处理和送达。这种快速配送服务大大提高了顾客的购物体验，增强了顾客的满意度和忠诚度。

亚马逊 Prime 会员服务的免费送货政策也是其成功的重要因素之一。亚马逊 Prime 会员在购物时可以享受到免费送货的特权，无需支付额外的运费。这种免费送货政策吸引了大量顾客加入 Prime 会员，并激发了顾客的购买欲望。亚马逊通过向 Prime 会员提供免费送货服务，实现了订单量的大幅增长，提高了销售额和市场份额。免费送货政策也帮助亚马逊与竞争对手形成差异化竞争优势，吸引了更多的顾客选择亚马逊作为购物平台。

亚马逊 Prime 会员服务还通过不断创新和优化，提升了用户体验和服务水平。亚马逊不断投入资金和资源，改进物流网络和配送流程，提高了配送的准时率和可靠性。亚马逊还不断扩大 Prime 会员服务的覆盖范围和服务内容，推出了包括 Prime 视频、Prime 阅读等多种会员特权，丰富了会员的购物体验。这些创新举措进一步巩固了亚马逊在电子商务物流领域的领先地位，提高了品牌声誉和市场竞争力。

通过快速配送和免费送货服务，亚马逊提高了顾客的购物体验和满意度，增强了品牌忠诚度和市场竞争力。亚马逊通过不断创新和优化，进一步提升了用户体验和服务水平，巩固了其在电子商务物流领域的领先地位。

2. 会员特权与服务扩展

亚马逊 Prime 会员服务是电子商务物流领域的一项创新成功案例，它通过提供会员特权和服务扩展，极大地改善了消费者的购物体验，加强了客户忠诚度，促进了企业的增长和发展。

亚马逊 Prime 会员服务为会员提供了一系列独特的特权和优惠。作为会员，用户可以享受免费快速配送服务，即日或次日送达数百万商品。这种便利的配送服务大大提升了用户购物的便捷性和满意度，加速了用户的消费决策过程。会员还可享受亚马逊 Prime Video、Prime Music 等丰富的娱乐内容和服务，提升了会员的综合体验价值。这些会员特权不仅吸引了更多用户加入会员服务，也提高了会员的留存率和忠诚度。

亚马逊 Prime 会员服务通过不断扩展服务范围，进一步增加了会员的吸引力和价值。除了免费快速配送和娱乐内容，亚马逊还不断推出新的会员特权和服务，如 Prime Reading、Prime Wardrobe 等。这些新的服务扩展了会员的使用场景和体验，让会员感受到更多的价值和便利。Prime Reading 为会员提供了数千本免费电子书和杂志，丰富了会员的阅读选择，提升了会员的满意度。

亚马逊 Prime 会员服务的成功还得益于其优秀的物流运营和技术支持。亚马逊通过建设先进的物流网络和仓储设施，实现了快速配送服务的可靠性和高效性。亚马逊还通过大数据分析和人工智能技术优化了配送路线和配送效率，确保了会员快速配送服务的稳定性和准确性。这些物流运营和技术支持为亚马逊 Prime 会员服务的成功奠定了坚实的基础。

亚马逊 Prime 会员服务通过提供会员特权和服务扩展，极大地改善了用户的购物体验，加强了客户忠诚度，促进了企业的增长和发展。亚马逊 Prime 会员服务的成功案例为电子商务物流领域提供了宝贵的经验和启示，为其他电商企业提供了参考和借鉴。

(二) 路易达孚 (Lalamove) 即时配送服务

1. 打破传统配送时效限制

路易达孚 (Lalamove) 即时配送服务是一种电子商务物流创新，通过打破传统配送时效限制，实现即时配送的目标，为商家和消费者提供了高效、灵活的物流解决方案。

Lalamove 利用智能手机应用程序和在线平台，将需要配送的商家和个人用户与专业的即时配送司机相连接。用户可以通过手机应用程序下单，选择合适的车辆类型和配送时间，即可快速找到最近的可用司机，完成订单配送。这种即时配送服务不仅提供了便利性，还大大提高了配送效率和灵活性，深受商家和消费者的欢迎。

Lalamove 的成功案例在于其创新的商业模式和先进的技术应用。Lalamove 利用移动互联网和智能手机技术，建立了便捷的在线平台和应用程序，实现了用户与司机的实时匹配和在线支付，大大简化了配送流程，提高了配送效率。Lalamove 采用了共享经济模式，充分利用闲置车辆和个人司机资源，灵活调配配送人员，降低了配送成本，提高了利润率。再次，Lalamove 注重用户体验和服务质量，通过严格的司机审核和培训机制，保障了配送安全和可靠性，赢得了用户的信任和口碑。

除此之外，Lalamove 还不断进行创新和拓展，拓展了服务范围和业务模式，为用户提供了更加多样化的物流解决方案。除了即时配送服务外，Lalamove 还推出了预约配送、长途配送、冷链配送等多种服务类型，满足了不同用户的需求。Lalamove 还拓展了服务地区，覆盖了多个城市和地区，扩大了市场规模和影响力。这种持续创新和拓展不仅提升了企业的市场竞争力，还推动了整个行业的发展和进步。

Lalamove 即时配送服务是一种成功的电子商务物流创新，通过打破传统配送时效限制，实现了即时配送的目标，为商家和消费者提供了高效、灵活的物流解决方案。其成功案例在于创新的商业模式和先进的技术应用，以及持续的创新和拓展。Lalamove 的成功经验对于其他电子商务物流企业具有借鉴意义，值得进一步深入研究和探讨。

2. 移动端在线下单与实时追踪

路易达孚（Lalamove）即时配送服务是电子商务物流领域的一项成功创新，其移动端在线下单和实时追踪功能为用户提供了便捷、快速的配送服务，极大地改善了物流配送体验。

Lalamove 采用移动端在线下单的创新模式，使用户可以通过手机应用随时随地进行订单下单。用户只需打开 Lalamove 应用，填写相关订单信息，如取货地址、送货地址、货物类型和重量等，即可完成订单下单。这种便捷的下单方式省去了用户繁琐的操作步骤，大大提高了用户的使用体验，同时也节省了用户的时间成本。

Lalamove 提供实时追踪功能，让用户可以随时随地实时追踪货物的配送状态。一旦订单被接受，用户就可以在手机应用上实时查看配送员的位置和行进路线，了解货物的配送进度。这种实时追踪功能使用户可以更加直观地了解订单的状态，提高了用户对配送过程的掌控感和信任度，减少了用户的不确定性和焦虑感。

Lalamove 采用多种灵活的配送方式，满足用户不同的配送需求。除了普通快递配送外，Lalamove 还提供了货车、货运和搬运等多种配送车型和服务选项，可以根据用户的需求和货物类型进行灵活选择。这种多样化的配送选择为用户提供了更加个性化的配送服务，满足了不同用户的不同需求，提高了用户的满意度和忠诚度。

Lalamove 通过建立强大的物流网络和配送团队，实现了快速响应和高效配送。Lalamove 在各大城市建立了完善的物流网络和配送中心，配备了大量的配送车辆和配送员，可以随时满足用户的配送需求。无论是小件包裹还是大件货物，无论是城市内配送还是跨城市配送，Lalamove 都能够提供快速、可靠的配送服务，让用户享受到便捷的物流体验。

Lalamove 即时配送服务通过移动端在线下单和实时追踪功能，为用户提供了便捷、快速的配送服务，极大地改善了物流配送体验。通过灵活的配送方式和建立强大的物流网络，Lalamove 为用户提供了个性化、高效的配送解决方案，赢得了用户的信赖和好评，成为电子商务物流领域的一项成功创新。

二、电子商务物流创新成功案例深入分析

（一）亚马逊 Go 便利店

1. 无人店铺的智能化零售体验

亚马逊 Go 便利店是一种颠覆性的无人店铺，通过智能化技术为消费者提供了全新的零售体验。该便利店融合了人工智能、计算机视觉和传感器技术，实现了无须排队结账的智能购物体验，引领了零售业的创新发展。

亚马逊 Go 便利店的智能化零售体验主要体现在以下几个方面。消费者进入店铺后，无须与任何人员接触，只需通过手机扫描二维码登录亚马逊账户即可进入。店铺内装有大量的摄像头和传感器，可以实时监测顾客的行为和所选商品，实现自动识别和结算。顾客只需将所选商品放入购物袋中，即可离开店铺，系统将自动从账户中扣除相应费用。亚马逊 Go 便利店还提供了一系列的便利服务，如提供热饮、快餐、熟食等，满足消费者的多样化需求。

亚马逊 Go 便利店的智能化零售体验带来了诸多优势。无须排队结账大大节省了消费者的时间，提升了购物效率，改善了购物体验。自动识别和结算技术减少了人为错误和漏算的可能性，提高了结算的准确性和可靠性。便利店内部的智能化设备还能够实时监测库存和销售情况，帮助店铺管理者进行及时的库存补充和商品调整，提高了运营效率和管理水平。

亚马逊 Go 便利店的智能化零售体验在零售业中引起了巨大的反响和影响。许多传统零售企业纷纷效仿，尝试引入类似的智能化技术，提升购物体验和竞争力。亚马逊 Go 便利店的成功还激发了更多科技公司和零售企业对智能零售的探索和投入，推动了零售业向智能化、自动化方向的转型和升级。

亚马逊 Go 便利店通过智能化技术实现了无人店铺的智能化零售体验，为消费者带来了全新的购物方式。该便利店的成功案例为零售业的发展提供了宝贵经验和启示，推动了零售业向智能化、自动化方向的发展。

2. 利用计算机视觉和传感技术实现自动结账

亚马逊 Go 便利店是一种创新的零售概念，利用计算机视觉和传感技术实现了自动结账的功能，为消费者提供了更加便捷和高效的购物体验。

该便利店利用了先进的技术，包括计算机视觉、传感器、深度学习和无人驾驶技术等，实现了自动结账的功能。在进入便利店之前，顾客需要通过手机上的亚马逊Go应用程序扫描自己的手机，这一步骤与登录亚马逊账户相关。然后，顾客可以自由地浏览商品，将需要购买的商品放入购物篮中。在顾客选择完成购物后，他们可以直接离开便利店，而无需排队等待结账。通过计算机视觉和传感技术，系统能够识别顾客所选购的商品，并自动计算账单，然后通过顾客的亚马逊账户进行支付。

这种自动结账的技术应用带来了许多优势。它极大地提高了购物的便利性和效率。消费者不再需要排队等待结账，节省了宝贵的时间，提升了购物体验。自动结账技术减少了人为错误和作弊的可能性，提高了结算的准确性和安全性。由于系统能够准确识别商品，消费者不必担心被错误计费或漏算商品。这种技术应用还降低了零售店的运营成本，减少了人力成本和物流成本。

亚马逊Go便利店也面临着一些挑战和限制。这种技术需要大量的投资和先进的设备，包括高性能的传感器和计算机系统，因此成本较高。自动结账技术对商品的识别和计算仍存在一定的局限性，特别是对于复杂包装或相似商品的识别，系统可能会出现错误。一些消费者可能对于自动结账技术的隐私和安全性表示担忧，担心个人信息被泄露或支付被盗用。

尽管如此，亚马逊Go便利店作为一种零售创新概念，展示了计算机视觉和传感技术在零售业中的应用前景。随着技术的不断进步和成本的降低，自动结账技术有望在更多的零售场景中得到推广和应用，为消费者提供更加便捷和高效的购物体验。

（二）阿里巴巴天猫精灵智能物流仓储系统

1. 借助人工智能和机器人技术提高仓储效率

阿里巴巴天猫精灵智能物流仓储系统是一项借助人工智能和机器人技术的创新解决方案，旨在提高仓储效率，实现智能化的物流仓储管理。

该系统通过人工智能技术实现了智能化的仓储管理。借助人工智能技术，系统可以实时监测仓库内的货物存放情况和库存变化，根据订单需求和货物特性进行智能化的货物分类和存储规划。系统可以根据货物的大小、重量和特性等因素，自动将货物分类存放在不同的货架和仓位上，并通过智能算法优化货物存放的位置和布局，实现了仓库空间的最大化利用和货物存取的高效率。

该系统还通过机器人技术实现了仓库内的自动化操作和货物搬运。系统配备了一系列智能机器人，可以根据订单需求和货物位置自动进行货物搬运和仓库内部的物流运作。这些机器人可以通过激光雷达和摄像头等传感器实时感知仓库环境和货物位置，根据预设的路线和程序自动导航，完成货物的搬运任务。这样可以大大减少人工操作和物流运输时间，提高了仓储操作的效率和准确性。

该系统还具有智能化的订单处理和配送功能。系统可以通过人工智能技术对订单数据进行分析和处理，自动识别订单类型和处理流程，实现了订单的智能化处理和优化。系还可以根据订单需求和货物特性，自动选择最优的配送方案和路线，提高了配送效率和准确率。这样可以实现订单处理和配送的快速响应和高效完成，提升了用户的购物体验和满意度。

阿里巴巴天猫精灵智能物流仓储系统的推出不仅为仓储行业带来了巨大的变革和提升，也为物流行业的智能化发展开辟了新的道路。

2. 实现智能拣货、智能分拣和智能配送

阿里巴巴天猫精灵智能物流仓储系统是一项领先的智能物流解决方案，通过智能拣货、智能分拣和智能配送等技术，实现了仓储和物流环节的智能化管理和优化。

天猫精灵智能物流仓储系统采用了智能拣货技术，实现了高效、准确的拣货过程。系统通过物联网技术和传感器设备，实时监控货物的位置和状态，为拣货员提供准确的拣货指引。拣货员通过智能设备和导航系统，快速定位货物，准确拣选所需商品，大大提高了拣货效率和准确性。系统还利用大数据分析和人工智能技术，优化拣货路线和工作流程，进一步提高了拣货效率。

天猫精灵智能物流仓储系统采用了智能分拣技术，实现了自动化、快速的分拣过程。系统通过视觉识别和机器学习技术，自动识别货物的特征和目的地，实现智能分拣和分类。分拣机器人根据系统指令，快速将货物分类并装箱，实现高效的分拣作业。智能分拣技术不仅提高了分拣速度和准确性，还降低了人力成本和错误率，提升了仓储效率和管理水平。

天猫精灵智能物流仓储系统还采用了智能配送技术，实现了高效、快速的配送服务。系统通过路线规划和智能调度算法，优化配送路线和配送任务，实现快速、准时的配送。配送员通过智能设备和导航系统，实时获取配送任务和路线信息，提高了配送效率和准确性。系统还通过大数据分析和实时监控技术，实现对配送过程的实时监控和管理，保障了配送安全和质量。

阿里巴巴天猫精灵智能物流仓储系统不仅提高了物流效率和准确性，还降低了成本和人力资源投入，推动了物流行业向智能化、自动化方向的转型和升级。

第八章 电子商务物流中的风险管理与安全

第一节 电子商务物流中的风险与挑战

一、电子商务物流中风险与挑战的复杂性

(一) 物流网络复杂性与不确定性

电子商务物流中存在着诸多风险与挑战，其复杂性主要体现在物流网络的复杂性和不确定性方面。

物流网络的复杂性是电子商务物流面临的主要挑战之一。在电子商务中，物流网络通常包括多个环节，涉及到供应商、仓储、运输、配送等多个参与方。这些参与方之间存在着复杂的关系和交互，需要协同合作完成货物的流转和配送。物流网络中的每个环节都可能面临着不同的问题和风险，如供应商的供货延迟、仓储设施的损坏、运输途中的交通堵塞等，这些问题都会影响到物流流程的正常运转，增加了物流网络的复杂性和不确定性。

不确定性是电子商务物流面临的另一个重要挑战。电子商务市场的变化速度快、波动性大，市场需求和用户偏好随时都可能发生变化，这给物流运营带来了不确定性和挑战。供应链中的各个环节都可能受到不可预见的影响，如天气变化、政策法规调整、市场竞争等，这些因素都会导致物流需求的不稳定性和不确定性，增加了物流运营的风险和挑战。

电子商务物流中的信息不对称也是一大挑战。由于物流网络中涉及多个参与方，信息流动不畅，信息传递可能存在滞后或不准确的情况，导致信息不对称问题。这种信息不对称可能导致订单信息错误、配送延误、库存积压等问题，影响到物流运营的正常进行，增加了风险和不确定性。

物流网络中的复杂性和不确定性给电子商务物流带来了诸多挑战，如物流成本的上升、配送效率的下降、用户体验的降低等。为了应对这些挑战，电子商务企业需要加强物流网络的规划和优化，提高信息共享和协同合作的能力，加强风险管理和应急响应能力，以应对复杂多变的市场环境，保障物流运营的稳定和高效。

1. 多样化的供应链网络结构

电子商务物流领域面临着风险与挑战的复杂性，其中多样化的供应链网络结构是一个重要因素。

多样化的供应链网络结构增加了物流系统的复杂性和不确定性。随着电子商务的快速发展，供应链网络结构变得越来越多样化和复杂化，涉及到多个供应商、物流商和客户之间的关系。这些关系的多样性和复杂性使得物流系统面临着更多的风险和挑战，如供应链中断、信息泄露、货物丢失等。

多样化的供应链网络结构增加了信息流、物流和资金流的管理难度。在多样化的供应链网络中，信息流、物流和资金流需要在不同的节点之间进行高效的协调和管理，以保证货物的顺利流转和交付。由于供应链网络的复杂性，信息的传递和共享变得更加困难，物流过程中的节点也更加容易出现问题，从而增加了物流系统的风险和挑战。

多样化的供应链网络结构还增加了供应链的脆弱性和易受攻击性。在供应链网络中，每个节点都可能成为攻击目标，一旦某个节点受到攻击或遭遇问题，可能会导致整个供应链网络的中断或崩溃。供应链网络中的信息共享和数据传输也容易受到黑客攻击和信息泄露的威胁，进一步加剧了供应链的脆弱性和安全风险。

多样化的供应链网络结构还增加了对物流管理和协调能力的要求。在多样化的供应链网络中，物流企业需要具备更高水平的物流管理和协调能力，以应对不同节点之间的不确定性和风险。物流企业需要不断优化物流流程、提高供应链的可见性和透明度，加强与供应商和客户之间的沟通和合作，以提升物流系统的稳定性和可靠性。

多样化的供应链网络结构给电子商务物流带来了风险与挑战的复杂性。物流企业需要不断优化供应链网络结构，提高物流管理和协调能力，加强信息安全和风险管理，以应对多样化的供应链网络结构带来的各种挑战和风险。

2. 快速变化的市场需求和订单结构

电子商务物流中，快速变化的市场需求和订单结构带来了复杂的风险与挑战。这些挑战包括供应链的不确定性、物流成本的增加、配送效率的下降以及客户满意度的下降等方面。

市场需求的快速变化使得供应链管理变得更加复杂。由于市场需求的波动性和不确定性，企业难以准确预测市场需求，导致供应链的规划和管理变得困难。供应链中的每个环节都可能受到市场变化的影响，包括原材料采购、生产计划、库存管理以及配送和物流等。如果企业不能及时调整供应链策略和运作模式，可能会导致库存积压、物流延误以及客户服务问题等一系列问题。

订单结构的快速变化也增加了物流成本和配送效率的挑战。随着电子商务的迅速发展，订单结构变得越来越复杂多样化，包括单品订单、多品订单、定制订单、跨境订单等。这些订单类型的不断变化使得物流公司需要不断调整配送路线和运输方式，增加了物流成本和配送复杂度。订单结构的变化也给配送效率带来了挑战，因为不同类型的订单可能需要不同的配送方式和服务水平,难以实现统一管理和优化配送路线。

快速变化的市场需求和订单结构也给客户满意度带来了压力。客户对于快速、准时的配送服务有着越来越高的期望,但是由于市场需求的波动和订单结构的复杂化,物流公司往往难以满足客户的需求。延误、错误配送、缺货等问题可能会影响客户的购物体验,降低其对企业的信任和忠诚度,从而影响企业的品牌形象和市场竞争力。

因此,为了应对快速变化的市场需求和订单结构带来的复杂风险与挑战,电子商务物流公司需要采取一系列应对措施。企业需要加强供应链管理,提高供应链的灵活性和响应能力,通过信息技术和数据分析等手段,实现对市场需求的及时监测和预测,做出快速调整。物流公司需要优化配送网络和运输路线,提高物流效率和配送速度,确保及时送达客户手中。企业还需要加强与供应商和合作伙伴的沟通和合作,共同应对市场的变化,实现资源共享和协同运作,提高整体供应链的协调性和效率。物流公司需要关注客户需求,加强客户服务和沟通,及时解决客户投诉和问题,提高客户满意度和忠诚度,增强企业竞争力。

快速变化的市场需求和订单结构给电子商务物流带来了复杂的风险与挑战,需要物流公司加强供应链管理、优化配送效率、提高客户满意度等方面的应对措施,以应对市场变化带来的挑战,保持竞争优势。

(二) 物流成本与效率压力

1. 物流成本的上升与控制难题

电子商务物流面临着诸多复杂的风险与挑战,其中物流成本的上升与控制难题是一个重要方面。

电子商务物流的成本主要受到多方面因素的影响,如运输成本、仓储成本、人力成本等。随着电子商务行业的快速发展和市场竞争的加剧,物流成本不断上升成为了一大挑战。运输成本在物流成本中占据重要地位,包括货物的运输费用、快递费用等,而随着物流网络的扩张和运输距离的增加,运输成本也随之增加。仓储成本也是电子商务物流中的重要组成部分,包括仓储设施的租金、人力成本、库存管理成本等,这些成本的上升也会直接影响到物流成本的增加。

电子商务物流中存在着诸多因素导致物流成本上升的难题。市场竞争激烈导致了物流服务水平的提高,企业需要不断投入资金提升物流配送的速度和质量,增加了物流成本。物流网络的复杂性和不确定性也增加了物流成本的管理难度,如物流配送过程中可能出现的交通拥堵、仓储设施租金上涨等问题,都会增加物流成本的不确定性和波动性。

电子商务物流中的运输需求的不确定性也是一个影响物流成本的重要因素。电子商务市场的变化速度快、波动性大,订单数量和配送需求随时都可能发生变化,这给物流运营带来了不确定性和挑战。在这种情况下,物流企业需要灵活调整运输方案和配送路线,增加了物流成本的管理难度和风险。

2. 高效率配送与快速交付的要求

电子商务物流领域面临着高效率配送与快速交付的要求,然而这一要求也带来了风险与挑战的复杂性。

高效率配送与快速交付的要求加剧了物流系统的压力和负担。随着电子商务的蓬勃发展,消费者对物流配送速度和交付时间的要求越来越高。这就要求物流企业必须提供更快速、更可靠的配送服务,以满足消费者的需求。实现高效率配送与快速交付并不容易,需要物流企业投入大量资源,包括物流设施、运输车辆、人力资源等,加大了物流系统的运营成本和管理难度。

高效率配送与快速交付的要求增加了物流系统的复杂性和不确定性。在电子商务物流中,涉及到多个环节和节点,包括订单处理、仓储管理、运输配送等。这些环节之间的协调和配合需要高度的组织和管理能力,一旦出现任何环节的问题或延误,都可能影响整个配送流程,导致订单延迟或错发等问题,给物流系统带来了更多的风险和挑战。

高效率配送与快速交付的要求还增加了对物流信息系统的要求和挑战。在实现高效率配送与快速交付的过程中,物流企业需要依靠先进的信息技术和物流管理系统,实现订单的实时跟踪和配送进度的监控,以及对物流流程的实时调整和优化。现实中存在着信息系统的不兼容性、数据安全性的隐患等问题,这给物流系统的稳定性和可靠性带来了挑战。

高效率配送与快速交付的要求还增加了物流企业面临的市场竞争和经营压力。在满足消费者需求的物流企业还需要与竞争对手展开激烈的竞争,争夺市场份额和客户资源。为了保持竞争优势,物流企业不断提升配送效率、优化服务质量,加大了对物流系统的投入和管理,增加了企业的经营成本和风险。

高效率配送与快速交付的要求给电子商务物流带来了风险与挑战的复杂性。物流企业需要不断优化物流管理和配送流程,提高配送效率和服务质量,加强信息技术和物流系统的建设,以应对高效率配送与快速交付带来的各种挑战和风险。

二、电子商务物流中的风险与挑战应对策略

(一)技术应用与信息安全

电子商务物流中的风险与挑战之一是技术应用与信息安全问题。随着技术的不断发展和应用,电子商务物流系统中存在着各种安全隐患和风险,如数据泄露、网络攻击、信息篡改等。这些问题可能导致客户信息泄露、交易数据被窃取、系统故障等严重后果,影响企业的信誉和业务稳定。因此,制定有效的应对策略对于保障电子商务物流系统的安全与稳定至关重要。

企业应加强信息安全管理,建立健全的信息安全制度和管理体系。这包括制定安全政策和规范,明确安全责任和权限,加强对关键信息资产的保护,建立安全审计和监控机制等。通过加强对信息安全的管理和控制,可以有效预防和防止信息泄露和数据安全问题的发生。

企业应加强技术安全防护，采取有效的安全技术措施保护系统安全。这包括加密技术、防火墙、入侵检测系统（IDS）、反病毒软件等安全工具的应用，确保系统和网络的安全稳定。还应加强系统漏洞修补和补丁更新，及时应对新型威胁和攻击。

企业应加强员工的安全意识培训，提高员工对信息安全的认识和重视程度。通过定期组织安全培训和演练活动，教育员工如何识别和应对各类安全威胁和风险，增强其安全防范意识和技能，减少人为失误和疏忽导致的安全问题。

企业还应建立应急响应机制，做好安全事件的应急处理和处置工作。当发生安全事件时，企业应迅速启动应急响应计划，采取有效措施控制和应对安全风险，最大限度地减少损失和影响。还应及时通知相关当事人和监管部门，做好信息披露和沟通工作，保护企业和客户的合法权益。

企业还应积极加强与技术提供商和行业组织的合作与交流，共同应对安全挑战和威胁。通过建立安全信息共享机制、参与行业安全标准的制定和评估、加强行业自律和监管等方式，共同提高整个行业的安全水平和抗风险能力。

电子商务物流中的技术应用与信息安全问题是当前面临的重要挑战之一。企业应制定全面的风险管理和应对策略，加强信息安全管理、技术安全防护、员工安全意识培训、应急响应机制建设以及与行业合作等方面的工作，共同应对各种安全风险和挑战，保障电子商务物流系统的安全稳定运行。

1. 强化数据保护与网络安全措施

在电子商务物流中，强化数据保护与网络安全措施是应对风险与挑战的重要策略之一。

对数据进行全面加密是保护数据安全的重要举措。通过采用先进的加密算法和技术，对数据进行加密处理，包括数据传输、存储和处理过程中的所有环节，确保数据在传输和存储过程中的安全性。建立严格的访问控制机制，限制只有授权人员才能够访问和处理数据，保障数据的机密性和完整性。

加强网络安全防护是保障电子商务物流安全的关键。通过建立完善的防火墙、入侵检测系统和反病毒软件等安全设施，保护网络系统免受恶意攻击和网络入侵。加强对网络流量的监控和分析，及时发现并处理异常流量和攻击行为，防止数据被窃取或篡改。

加强身份认证和访问控制是保护数据安全的重要手段。通过采用多因素身份认证和强密码策略，确保用户身份的真实性和合法性，防止未经授权的用户访问系统和数据。建立严格的访问控制策略，限制不同用户的访问权限，确保用户只能访问其合法权限范围内的数据和功能，防止数据被非法获取或篡改。

加强员工安全意识培训是降低数据安全风险的重要措施之一。通过定期组织安全意识培训和考核，提高员工对数据安全的重视和认识，教育员工如何正确处理和保护数据，防止数据泄露和误操作。

强化数据保护与网络安全措施是电子商务物流中应对风险与挑战的重要策略之一。通过全面加密数据、加强网络安全防护、加强身份认证和访问控制以及加强员工安全意识培训等措施，可以有效降低数据安全风险，保障电子商务物流运营的安全稳定。

2. 利用物联网和大数据技术降低风险

电子商务物流中的风险与挑战需要有效的应对策略，利用物联网和大数据技术降低风险是一种重要的应对手段。

物联网技术可以实现对物流环节的实时监控和追踪。通过在货物和运输工具上安装传感器和设备，可以实时监测货物的位置、温湿度、运输状态等信息。这样一来，物流企业可以随时了解货物的运输情况，及时发现问题并采取应对措施，降低货物丢失和损坏的风险。

大数据技术可以实现对物流数据的深度分析和挖掘。物流系统产生大量的数据，包括订单信息、运输轨迹、客户反馈等。通过运用大数据技术，物流企业可以分析这些数据，发现潜在的风险和问题，预测未来的需求和趋势，从而制定更加科学合理的物流策略和计划，降低风险发生的可能性。

物联网和大数据技术还可以实现物流信息的实时共享和协同。在物流系统中，涉及到多个环节和参与者，包括供应商、物流商、客户等。通过物联网和大数据技术，这些参与者可以实现信息的实时共享和协同，加强对物流过程的监控和管理，及时发现并解决问题，提高物流系统的稳定性和可靠性。

物联网和大数据技术还可以实现对风险的预警和预防。通过建立预警模型和算法，物流企业可以根据历史数据和实时情况，预测可能出现的风险和问题，并提前采取相应的预防措施，降低风险发生的可能性。这种预警机制可以帮助物流企业及时发现并解决潜在的问题，提高风险管理的效率和准确性。

利用物联网和大数据技术降低风险是电子商务物流中应对挑战的重要策略之一。通过实时监控和追踪、数据分析和挖掘、信息共享和协同、风险预警和预防等手段，物流企业可以降低货物丢失和损坏的风险，提高物流系统的稳定性和可靠性，为电子商务物流的发展提供更加坚实的保障。

(二) 供应链管理与危机应对

1. 建立弹性供应链与备货策略

在电子商务物流领域，建立弹性供应链与备货策略是应对风险与挑战的重要策略之一。电子商务市场的快速变化和不确定性使得供应链面临着多样化的风险，如市场需求波动、供应链中断、货源紧张等。因此，建立弹性供应链和备货策略至关重要，以应对这些风险挑战。

建立弹性供应链意味着加强供应链的灵活性和适应能力。企业应该建立多元化的供应网络，与多个供应商建立合作关系，减少对单一供应商的依赖，从而降低因供应链中断或单一供应商问题而导致的风险。采用灵活的生产和库存管理策略，根据市场需求的变化及时调整生产计划和库存水平，确保及时满足客户需求，降低库存积压和资金占用风险。

备货策略是保障供应链连续性和稳定性的重要手段。企业应根据市场需求和产品特性制定合理的备货计划，提前储备足够的库存，以应对突发性需求增加或供应中断等突发情况。采用预测和分析技术，监测市场需求和产品销售情况，及时调整备货计划，避免因过多或过少备货而导致的库存问题。

建立弹性供应链和备货策略还需要加强信息共享和沟通。企业应与供应商和合作伙伴建立紧密的合作关系，加强信息共享和交流，及时了解市场变化和供应链风险，共同制定和实施应对措施，提高供应链的协同性和响应能力。建立供应链风险管理机制，定期评估和监控供应链的风险状况，及时发现和应对潜在风险，保障供应链的稳定运行。

建立弹性供应链和备货策略需要持续优化和改进。企业应不断分析和评估供应链的弹性和备货策略的有效性，根据实际情况调整和改进策略，提高供应链的灵活性和适应能力，以适应市场变化和不断发展的业务需求。

建立弹性供应链与备货策略是应对电子商务物流中风险与挑战的重要策略之一。通过加强供应链的灵活性和适应能力，制定合理的备货计划，加强信息共享和沟通，建立风险管理机制，不断优化和改进策略，可以有效降低供应链的风险，保障电子商务物流系统的稳定运行。

2. 逆向物流与退货管理的优化

电子商务物流领域中，逆向物流与退货管理的优化是应对风险与挑战的重要策略之一。

逆向物流与退货管理的优化可以帮助物流企业降低成本并提升客户满意度。逆向物流包括退货、退款、售后服务等环节，通常会导致物流成本的增加和客户满意度的下降。通过优化逆向物流流程，如加强退货流程的规范化、简化退货手续、提高退货效率等，可以降低物流成本，提升客户满意度，增强企业竞争力。

逆向物流与退货管理的优化可以减少库存积压和资金占用。在电子商务物流中，退货管理不仅影响了物流成本，还会导致库存积压和资金占用问题。通过优化退货管理流程，加强库存管理和预测，及时处理退货商品，可以降低库存积压和资金占用，提高资金周转效率，减少企业的经营风险。

逆向物流与退货管理的优化还可以提升供应链的可视化和透明度。通过建立逆向物流的信息化系统和监控平台，实现对退货流程和退货商品的实时跟踪和监控，可以提高供应链的可视化程度，帮助企业及时发现和解决问题，降低风险发生的可能性，提升供应链的透明度和稳定性。

逆向物流与退货管理的优化还可以提高产品质量和服务质量。通过分析退货原因和客户反馈，及时发现产品质量和服务质量存在的问题，并采取相应的改进措施，可以提高产品的质量和服务的质量，增强客户满意度和忠诚度，提升企业的品牌形象和竞争力。

逆向物流与退货管理的优化还可以加强企业与供应商和物流合作伙伴之间的合作与沟通。通过建立健全的合作机制和信息共享平台，加强与供应商和物流合作伙伴之间的沟通和合作，共同优化逆向物流和退货管理流程，提高供应链的整体效率和灵活性，降低物流风险和挑战。

逆向物流与退货管理的优化是电子商务物流中应对风险与挑战的重要策略之一。通过降低成本、减少库存积压、提升供应链可视化和透明度、提高产品质量和服务质量以及加强合作与沟通等手段，可以有效应对逆向物流与退货管理过程中存在的各种风险和挑战，提升企业竞争力和可持续发展能力。

第二节　安全管理与风险防范策略

一、电子商务物流中的安全管理

（一）货物安全管理

在电子商务物流中，货物安全管理是至关重要的，它涉及到保障货物在物流运输和配送过程中的安全和完整，保护用户的利益和品牌声誉。

货物安全管理需要建立完善的安全保障体系。这包括制定严格的安全管理制度和规范，明确各个环节的责任和义务，确保每个环节都能够落实安全管理措施。还需要配备专业的安全管理人员和技术设备，进行安全风险评估和监测，及时发现和处理安全隐患，确保货物的安全运输和配送。

货物安全管理需要加强对物流运输环节的监管和控制。在货物运输过程中，需要对运输车辆、驾驶员和货物进行严格的监管和管控，确保货物能够安全运输到达目的地。可以通过安装 GPS 定位设备和监控摄像头等技术手段，实时监控运输车辆的位置和行驶情况，及时发现并处理异常情况。还可以加强对驾驶员的培训和考核，提高其安全驾驶意识和技能水平，减少交通事故和货物损坏的风险。

货物安全管理需要加强对仓储和配送环节的监控和管控。在仓储和配送过程中，需要建立严格的货物存储和管理制度，保证货物在仓库内的安全和完整。还需要加强对配送环节的监管和管控，确保货物能够按时、安全地送达客户手中。可以通过建立安全门禁系统和监控摄像头，加强对仓库和配送站点的安全监控，防止货物被盗、损坏或丢失。

货物安全管理还需要加强对用户信息和隐私的保护。在物流配送过程中，可能涉及到用户的个人信息和交易数据，需要建立严格的信息安全保护制度，保障用户信息和隐私的安全和保密。还需要加强对支付环节的安全监控，防范网络诈骗和支付风险，保护用户的财产安全和权益。

货物安全管理是电子商务物流中不可或缺的重要环节，需要建立完善的安全保障体系，加强对物流运输和配送环节的监管和管控，保障货物在运输和配送过程中的安全和完整，保护用户的利益和品牌声誉。这样才能确保电子商务物流运作的安全稳定，提高用户的满意度和信任度。

1. 货物丢失与盗窃防范措施

电子商务物流中的安全管理至关重要，其中货物丢失与盗窃是常见的安全隐患。为确保货物在运输过程中的安全，采取有效的防范措施至关重要。

物流企业应建立完善的安全管理体系。这包括建立安全管理部门，制定安全管理制度和规章制度，并明确安全管理责任人。物流企业还应加强对员工的安全培训和教育，提高员工的安全意识和责任意识，确保他们能够正确使用安全设备和工具，采取适当的安全措施。

物流企业应加强对物流环节的监控和管控。通过安装监控摄像头、传感器等设备，实现对货物运输过程的实时监控和追踪，及时发现异常情况并采取应对措施。物流企业还应加强对物流环节的管控，确保货物在运输过程中不受到干扰和破坏，提高货物的安全性和可靠性。

物流企业还可以采用智能化技术来提升安全管理水平。利用物联网技术和大数据分析技术，实现对货物运输过程的智能监控和预警，提前发现潜在的安全隐患并采取措施加以解决。物流企业还可以采用智能锁具和防盗设备，提高货物的安全性和防盗能力。

物流企业应加强与承运商、供应商等合作方的沟通与合作，共同加强对货物运输过程的监控和管控，共同应对安全隐患。通过建立健全的合作机制和信息共享机制，共同保障货物运输过程的安全和可靠性。

电子商务物流中的安全管理是保障货物运输安全的关键环节。物流企业应建立完善的安全管理体系，加强对物流环节的监控和管控，采用智能化技术提升安全管理水平，加强与合作方的沟通与合作，共同应对货物丢失与盗窃等安全隐患，确保货物运输过程的安全和可靠性。

2. 货物包装与封装安全

在电子商务物流中，货物的包装与封装安全管理是至关重要的环节。良好的包装与封装能够保护货物免受损坏、污染或盗窃，并确保货物在运输过程中的安全性和完整性。

货物包装应考虑到货物的特性和运输环境。不同类型的货物可能需要不同的包装材料和包装方式。易碎物品可能需要额外的缓冲材料或防震包装，而液体或化学品则需要特殊的密封容器。包装应符合运输规定和法律法规，确保货物的合法性和安全性。

包装过程中需要严格控制环境和操作。包装区域应保持清洁、整洁，避免污染货物。操作人员应经过专门培训，掌握正确的包装技巧和操作流程，确保包装质量和安全性。应加强对包装材料和设备的质量检查和维护，确保其正常运行和安全使用。

包装过程中应加强质量控制和检验。对于每一批货物，应进行严格的包装质量检查和封装检验，确保包装符合标准要求，并具有足够的强度和密封性。可以利用现代技术，如条形码、RFID 等，对货物进行跟踪和追踪，确保货物的安全性和完整性。

货物包装与封装安全管理还需要与物流企业的其他环节紧密配合。包装设计应考虑到配送、装卸和仓储等环节的特点和要求，确保包装的稳固性和易于搬运。物流企业还应建立健全的安全管理制度和应急预案,应对突发情况和安全风险,保障货物的安全运输和交付。

货物包装与封装安全管理是电子商务物流中的重要环节,直接关系到货物的安全运输和客户满意度。通过科学合理的包装设计、严格的操作控制、质量检验和配合其他环节,可以有效提高货物包装与封装的安全性和可靠性,确保货物的安全交付,实现物流运输的安全、高效和顺畅。

(二)数据安全管理

在电子商务物流中,数据加密与隐私保护是至关重要的安全管理措施。数据加密是指对数据进行加密处理,防止未经授权的访问和窃取;隐私保护则是指保护用户的个人信息和交易数据不被泄露或滥用。这两者结合起来,构成了电子商务物流安全管理的重要组成部分。

数据加密是保障电子商务物流安全的关键之一。在电子商务物流中,涉及大量的订单数据、客户信息和交易记录等敏感数据,如果这些数据被未经授权的访问或窃取,将会给用户和企业带来严重的损失。因此,对这些数据进行加密处理是非常必要的。通过采用先进的加密算法和技术,对数据进行加密存储和传输,可以有效防止黑客攻击和数据泄露,保障数据的安全性和完整性。

隐私保护是保护用户权益和信任的重要手段。在电子商务物流中,用户的个人信息和交易数据是非常敏感的,包括姓名、地址、电话号码、银行账号等,如果这些信息被泄露或滥用,将会对用户的个人权益和财产安全造成严重威胁。因此,保护用户的隐私是电子商务物流安全管理的重要任务之一。通过建立严格的隐私保护制度和政策,对用户信息和交易数据进行严格的保护,限制数据的访问和使用权限,防止数据被滥用和泄漏,保障用户的隐私权益。

数据加密与隐私保护需要与安全技术和管理措施相结合。除了加密技术和隐私保护政策外,还需要建立健全的安全管理制度和流程,加强对数据安全的监控和管理,及时发现和处理安全风险和事件,保障数据的安全和稳定。还需要加强对员工的安全意识和培训,提高其对安全管理的重视和认识,减少人为因素对数据安全的影响。

数据加密与隐私保护是电子商务物流安全管理的重要组成部分,通过加密技术和隐私保护政策,保障了数据的安全和隐私,保护了用户的个人权益和财产安全。需要与安全技术和管理措施相结合,加强对数据安全的监控和管理,确保电子商务物流运作的安全稳定,提高用户的信任度和满意度。

二、电子商务物流中的风险防范策略

(一)强化货物包装与封装

电子商务物流中的风险防范策略中,强化货物的包装与封装至关重要。这项措施旨在确保货物在运输和配送过程中的安全性和完整性,有效预防各种潜在的风险和损失。

货物的包装设计应当充分考虑到产品的特性和运输环境。易碎物品应选择坚固耐用的包装材料,并在包装中添加缓冲材料,如泡沫填充物或气囊包装,以减轻运输过程中的冲击和振动。对于易受损的产品,应采用双层或加固型包装,以提高保护效果。对于液体或易泄漏的货物,应采用密封性好的包装容器,并在包装外部进行防漏处理,以防止污染和损失。

货物的封装过程应严格按照规范操作。封装过程中,工作人员应注意细节,确保封装材料和密封方式的合理选用和正确使用。使用适当的胶带和密封胶封口,确保包装封口紧密,并防止被盗、被替换或被损坏。对于高价值或重要货物,可以采用多层封装或密封箱封闭的方式,进一步提高货物的安全性和保密性。

货物包装和封装过程中应进行必要的标识和记录。在包装上标注产品名称、数量、重量、收件人信息等重要信息,以便于运输和配送过程中的识别和跟踪。对于特殊要求或敏感性货物,可以添加额外的标识或标志,如"易碎品""保密""轻拿轻放"等,提醒处理人员注意和谨慎操作。对于每个包裹或货物批次,应进行详细的记录和登记,包括出发地、目的地、交接人员、时间等信息,以便于溯源和追踪。

货物包装与封装安全的保障需要全员参与和共同维护。企业应加强对员工的培训和教育,提高他们的安全意识和操作技能,避免人为失误和疏忽导致的货物损失。企业还应加强对供应商和合作伙伴的监督和管理,确保他们符合安全标准和要求,共同维护货物的安全和完整。

强化货物包装与封装是电子商务物流中的重要风险防范策略。通过合理选择包装材料、严格封装操作、标识记录和员工培训等措施,可以有效提高货物的安全性和保障,减少运输过程中的风险和损失,确保货物安全到达目的地。

(二)数据安全风险防范

在电子商务物流中,数据安全风险防范是至关重要的,需要采取一系列策略来降低风险并保障数据的安全。

加强网络安全防护是降低数据安全风险的重要措施之一。通过建立完善的防火墙、入侵检测系统和反病毒软件等安全设施,保护网络系统免受恶意攻击和网络入侵。及时更新系统和软件补丁,修补系统漏洞,防止黑客利用已知漏洞进行攻击。

加强身份认证和访问控制是保护数据安全的关键。通过采用多因素身份认证和强密码策略,确保用户身份的真实性和合法性,防止未经授权的用户访问系统和数据。建立严格的访问控制策略,限制不同用户的访问权限,确保用户只能访问其合法权限范围内的数据和功能,防止数据被非法获取或篡改。

加强数据加密和备份是保护数据安全的重要手段。通过对数据进行加密处理,保障数据在传输和存储过程中的安全性,防止数据被窃取或篡改。建立定期的数据备份机制,将重要数据定期备份到安全的备份介质或云存储中,以防止数据丢失或损坏,保障数据的完整性和可恢复性。

电子商务物流中的数据安全风险防范策略包括加强网络安全防护、加强身份认证和访问控制、加强数据加密和备份以及加强员工安全意识培训等措施。通过这些策略的综合应用，可以有效降低数据安全风险，保障数据的安全和完整，提高电子商务物流运作的安全稳定性和可靠性。

1. 强化网络安全基础设施

电子商务物流领域的风险防范策略至关重要，其中强化网络安全基础设施是保障系统安全的关键措施之一。

建立健全的网络安全基础设施是电子商务物流中防范风险的首要任务。物流企业应投入资源，建设完备的网络安全基础设施，包括防火墙、入侵检测系统（IDS）、入侵防御系统（IPS）、反病毒软件等，以阻止网络攻击和恶意入侵。这些设施能够及时检测和阻止网络威胁，保障系统的安全运行。

加强对网络边界的防护是防范风险的重要措施之一。物流企业应通过设立网络隔离区域、访问控制列表（ACL）、虚拟专用网（VPN）等技术手段，加强对内部网络和外部网络的边界防护，遏制未经授权的网络访问和攻击行为，保护核心数据和系统安全。

物流企业还应加强对内部网络的监控和管理。通过实施网络流量监控、日志审计、行为分析等措施，及时发现并应对内部网络存在的异常行为和安全漏洞，提高对内部网络的管控和管理水平，减少内部威胁对系统安全的影响。

加强对关键信息资产的保护也是防范风险的重要举措。物流企业应对关键信息资产进行分类和标识，采取加密、备份、权限管理等措施，加强对关键信息资产的保护，防止敏感数据泄露和篡改，确保信息安全。

建立健全的安全应急响应机制是防范风险的重要保障。物流企业应建立专门的安全应急响应团队，制定安全应急预案和应对流程，及时响应安全事件和威胁，迅速进行处置和恢复，减少损失，保障系统的安全稳定运行。

电子商务物流中的风险防范策略需要采取多种手段，其中强化网络安全基础设施是至关重要的一环。通过建立健全的网络安全基础设施、加强对网络边界的防护、加强对内部网络的监控和管理、加强对关键信息资产的保护以及建立健全的安全应急响应机制，可以有效降低系统面临的安全风险，保障物流信息系统的安全稳定运行。

2. 安全培训与员工意识提升

电子商务物流中的风险防范策略中，安全培训与员工意识提升占据着重要位置。这一策略旨在通过培训与教育，提高员工对安全问题的认识和意识，增强其应对风险的能力，从而有效预防和减少各种潜在的安全隐患和风险。

安全培训应重点关注员工的职责和工作场景。不同岗位的员工可能面临不同类型的安全风险，因此培训内容应针对性地制定。仓库操作人员应接受关于货物搬运、堆垛和储存的安全操作培训；配送司机应接受关于驾驶安全、交通规则和紧急处理的培训等。培训内容还应包括相关法律法规、公司规章制度和紧急应急预案等方面，使员工全面了解安全管理要求和应对措施。

安全培训应采取多种形式和方法，提高培训效果和参与度。除了传统的课堂培训外，可以结合实地教学、案例分析、模拟演练等形式，增强培训的趣味性和互动性。通过模拟事故场景，让员工身临其境地体验并学习如何应对突发情况；通过案例分析，让员工从历史事件中吸取教训，加强安全意识和防范能力。还可以利用多媒体技术和在线培训平台，提供多样化的培训资源，方便员工随时随地进行学习和反思。

安全培训应持续进行，形成良好的培训机制和文化氛围。安全培训不应仅仅是一次性的活动，而应定期组织和持续推进。企业可以制定年度培训计划，明确培训内容、时间和对象，并建立培训档案和考核机制，对培训效果进行评估和改进。还可以通过安全月、安全周等活动，营造关注安全的氛围和文化，激发员工的安全责任感和自我保护意识。

安全培训需要与员工的实际工作紧密结合，提高培训的针对性和实用性。培训内容应与日常工作密切相关，与实际情况贴合。企业可以通过安全巡查、隐患排查等方式，及时发现和解决安全隐患，加强员工对安全问题的关注和重视。还可以建立安全沟通渠道，鼓励员工提出安全建议和意见，共同参与安全管理和风险防范。

安全培训与员工意识提升是电子商务物流中的重要风险防范策略之一。通过针对性的培训内容、多样化的培训形式、持续的培训机制和与实际工作的结合，可以有效提高员工对安全问题的认识和应对能力，降低安全风险，保障企业和员工的安全与健康。

第三节 数据安全与隐私保护

一、电子商务物流中的数据安全管理

（一）数据加密与安全传输

在电子商务物流中，数据安全管理至关重要，其中数据加密与安全传输是保障数据安全的重要措施之一。

数据加密是保障电子商务物流数据安全的关键手段之一。数据加密是通过对数据进行加密处理，将其转换成一种难以被未授权人员解读的形式，以保护数据的安全性和机密性。

安全传输是保障电子商务物流数据安全的重要环节。安全传输是指在数据传输过程中采取一系列安全措施，保护数据不被未经授权的访问和窃取。通过采用安全传输协议和加密通道，确保数据在传输过程中的安全性和完整性。建立安全的数据传输通道，防止数据在传输过程中被截获或篡改，保障数据的安全传输。

建立完善的数据安全管理制度和流程也是保障电子商务物流数据安全的重要措施之一。通过建立数据安全管理制度和流程，明确数据安全的责任和权限，规范数据的收集、存储、传输和处理流程，确保数据安全管理的规范和有效性。加强对数据安全的监控和审

查，及时发现和处理安全风险和问题，保障数据安全的稳定和可靠。

加强员工的安全意识培训也是保障电子商务物流数据安全的重要举措。通过定期组织安全意识培训和考核，提高员工对数据安全的重视和认识，教育员工如何正确处理和保护数据，防止数据泄露和误操作。建立安全事件应急响应机制，指导员工在发生安全事件时的应急处理措施，最大程度地减少安全风险对企业的影响。

数据加密与安全传输是电子商务物流中保障数据安全的重要措施，通过加强数据加密和安全传输措施，建立完善的数据安全管理制度和流程，加强员工安全意识培训，可以有效保护电子商务物流数据的安全性和完整性，确保物流运营的安全稳定。

1. SSL/TLS 加密技术应用

电子商务物流中的数据安全管理至关重要，而 SSL/TLS 加密技术的应用是保障数据安全的关键手段之一。

SSL/TLS 加密技术是一种常用的加密传输协议，可以确保在网络通信过程中的数据传输安全。在电子商务物流中，大量的敏感信息需要在网络上进行传输，包括用户的个人信息、订单数据、支付信息等。如果这些信息在传输过程中被恶意窃取或篡改，将会给用户带来严重的损失，严重影响电子商务物流系统的信任度和稳定性。

因此，利用 SSL/TLS 加密技术对数据进行加密传输就显得尤为重要。通过 SSL/TLS 加密技术，可以实现对数据的端到端加密，确保数据在传输过程中不被窃取或篡改。这种加密技术采用公钥加密和私钥解密的方式，保障了数据的安全性和完整性，有效防止了中间人攻击和数据泄露的风险。

SSL/TLS 加密技术还可以通过数字证书来验证数据通信的双方身份，防止恶意攻击和伪造数据的风险。通过为网站和应用程序颁发数字证书，可以确保用户连接到的是合法的网站，避免受到钓鱼网站和网络欺诈的影响。这种身份验证机制增强了用户对电子商务物流系统的信任度，提高了用户的安全感和满意度。

SSL/TLS 加密技术还可以提供安全套接层（SSL）和传输层安全（TLS）协议，为数据通信提供多种加密算法和安全参数选择。这样一来，可以根据实际需求和安全要求选择合适的加密算法和参数，保障数据传输的安全性和效率。

SSL/TLS 加密技术在电子商务物流中的数据安全管理中发挥着至关重要的作用。通过对数据进行端到端加密、身份验证和安全参数选择，可以确保数据在传输过程中的安全性和完整性，提高电子商务物流系统的安全性和稳定性，增强用户信任度和满意度。

2. VPN 虚拟专用网络建设

在电子商务物流中，数据安全管理至关重要，而建设 VPN（虚拟专用网络）是保障数据安全的一项重要措施。VPN 提供了一种加密的通信通道，可以安全地传输数据，防止数据在传输过程中被窃取或篡改。通过建设 VPN，可以有效保护电子商务物流系统中的数据安全。

建设 VPN 可以加密数据传输，保护数据的机密性。VPN 采用加密技术对数据进行加密处理，在数据传输过程中，只有授权用户才能解密数据，防止数据被非法获取或窃取。这样，即使数据在传输过程中被截获，也无法被解读和利用，有效保护了数据的隐私和机密性。

建设 VPN 可以确保数据的完整性。VPN 采用数据完整性校验机制，对数据进行校验和验证，确保数据在传输过程中不被篡改或损坏。如果数据在传输过程中发生篡改或损坏，接收端可以通过校验机制及时发现并拒绝接收损坏或篡改的数据，保证数据的完整性和可靠性。

建设 VPN 可以实现访问控制和身份认证，加强对数据访问的安全管理。VPN 可以设定访问权限和控制策略，限制用户对数据的访问权限，确保只有经过身份认证和授权的用户才能访问敏感数据。这样可以有效防止未经授权的用户访问和窃取数据，提高数据的安全性和保密性。

建设 VPN 还可以实现跨网络的安全连接，保障远程办公和移动办公的安全性。随着电子商务物流业务的发展，越来越多的员工需要远程访问企业内部系统和数据，而传统的网络连接方式存在安全风险。通过建设 VPN，可以为远程用户提供安全的网络连接，保障远程办公和移动办公的安全性和稳定性。

建设 VPN 需要综合考虑网络性能、安全性和成本等因素。企业应根据自身业务需求和安全要求选择合适的 VPN 解决方案，确保安全性和性能之间的平衡，并合理控制建设成本。还应加强对 VPN 系统的管理和维护，及时更新安全补丁和升级版本，提高系统的稳定性和安全性。

建设 VPN 是保障电子商务物流中数据安全的重要措施之一。通过加密数据传输、保证数据完整性、实现访问控制和身份认证、提供远程安全连接等方式，可以有效保护电子商务物流系统中的数据安全，确保数据的机密性、完整性和可靠性。

（二）网络安全与防火墙建设

在电子商务物流中，数据安全管理是至关重要的，其中网络安全与防火墙建设是保障数据安全的关键措施之一。

网络安全是电子商务物流数据安全的基础。网络安全是指通过一系列安全措施和技术手段，保护网络系统不受恶意攻击和入侵，确保网络系统的安全性和稳定性。建立强大的网络安全防护体系是保障电子商务物流数据安全的关键，其中防火墙是网络安全的重要组成部分之一。防火墙可以监控和控制网络流量，阻止恶意攻击和网络入侵，保护网络系统免受攻击和威胁。

防火墙建设是保障电子商务物流数据安全的重要手段之一。防火墙是一种网络安全设备，可以监控和过滤网络流量，防止未经授权的访问和攻击行为。通过建立强大的防火墙系统，可以有效防止网络系统遭受恶意攻击和入侵，保护网络系统的安全性和稳定性。及时更新防火墙系统的安全策略和规则，保持防火墙系统的有效性和可靠性，及时发现并处理网络安全威胁和问题。

加强网络安全管理是保障电子商务物流数据安全的重要举措。通过建立完善的网络安全管理制度和流程，明确网络安全的责任和权限，规范网络的使用和管理行为，加强对网络安全的监控和审查，及时发现并处理安全风险和问题，保障网络系统的安全稳定。加强员工的网络安全意识培训，提高员工对网络安全的重视和认识，教育员工如何正确使用和管理网络系统，防止网络安全事件的发生。

网络安全与防火墙建设是保障电子商务物流数据安全的重要措施，通过建立强大的网络安全防护体系和完善的防火墙系统，加强网络安全管理和员工安全意识培训，可以有效保护电子商务物流数据的安全性和稳定性，确保物流运营的安全顺畅。

1. 防火墙配置与管理

电子商务物流中的数据安全管理至关重要，而防火墙的配置与管理是保障数据安全的重要措施之一。

防火墙是一种用于保护计算机网络安全的关键设备，通过监控和控制网络流量，阻止未经授权的访问和恶意攻击。在电子商务物流中，防火墙的配置与管理是确保系统安全的重要一环。合理配置和有效管理防火墙可以防止黑客入侵、病毒攻击和信息泄露等安全风险，保障物流数据的安全性和完整性。

防火墙的配置需要根据物流系统的特点和安全需求进行定制化设置。不同的物流系统可能面临不同的安全威胁和风险，因此需要根据实际情况制定相应的防火墙策略和规则。配置防火墙时需要考虑到物流系统的业务流程、网络架构、数据传输方式等因素，确保防火墙的设置符合实际需求，既能保护系统安全，又不影响业务正常运行。

防火墙的管理需要持续监控和更新。随着网络安全威胁的不断演变和升级，防火墙规则和策略也需要不断更新和调整。物流企业需要建立专门的安全团队或委托专业安全机构，对防火墙进行定期的监控和审计，及时发现和应对潜在的安全问题。还需要及时更新防火墙软件和固件，修补已知漏洞，提高防火墙的安全性和稳定性。

除此之外，防火墙的配置与管理还需要注重对网络流量的细致分析和监控。通过对网络流量的实时监控和分析，可以发现异常流量和潜在攻击行为，及时采取相应的防御措施，保护系统安全。物流企业可以利用防火墙日志和安全信息与事件管理（SIEM）系统等工具，对网络流量进行全面的审查和分析，加强对系统安全的保护。

防火墙的配置与管理还需要加强对员工安全意识的培养和教育。员工是物流系统的重要使用者，他们的安全意识直接影响着系统的安全。物流企业应定期开展网络安全培训，加强员工对防火墙的认识和理解，教育他们正确使用网络系统，防范网络攻击和威胁。

防火墙的配置与管理是电子商务物流中数据安全管理的重要一环。通过合理配置和有效管理防火墙，可以有效防止黑客入侵、病毒攻击和信息泄露等安全威胁，保障物流数据的安全性和完整性，提高系统的安全性和稳定性，增强用户信任度和满意度。

2. 入侵检测与防范系统（IDS/IPS）

电子商务物流中的数据安全管理至关重要，而入侵检测与防范系统（IDS/IPS）是一种重要的安全管理工具。IDS/IPS 系统可以有效检测和防范网络中的各种入侵行为，保护电子商务物流系统中的数据安全。

IDS/IPS 系统可以及时发现和警示网络中的潜在安全威胁。通过监控网络流量和数据包，IDS 系统可以识别和分析异常行为和入侵行为，包括病毒攻击、网络扫描、恶意代码等，发现潜在的安全威胁。一旦发现异常行为，IDS 系统会及时发送警报通知管理员，提醒其采取相应的应对措施，防止安全事件进一步扩大。

IDS/IPS 系统可以实施实时的入侵防御和攻击阻断。通过配置规则和策略，IPS 系统可以对检测到的入侵行为进行实时防御和攻击阻断，防止恶意流量进入系统并造成损害。IPS 系统可以阻断恶意 IP 地址、拦截恶意数据包、屏蔽恶意网站等，有效降低网络入侵的风险和影响。

IDS/IPS 系统还可以实现安全日志记录和事件分析。系统可以记录所有的安全事件和警报信息，包括入侵行为、攻击尝试、安全事件响应等，形成完整的安全日志记录。管理员可以通过分析安全日志，了解网络安全状况，发现安全漏洞和风险，及时采取相应的补救措施，提高系统的安全性和稳定性。

IDS/IPS 系统还可以提供定制化的安全策略和定期的安全检查。系统可以根据企业的实际需求和安全风险制定相应的安全策略和规则，确保系统的安全性和合规性。系统还可以定期进行安全检查和漏洞扫描，发现和修补系统中的安全漏洞，提高系统的抗攻击能力和安全防御能力。

IDS/IPS 系统的有效运行需要充分地管理和维护。企业应加强对 IDS/IPS 系统的管理和监控，及时更新安全规则和签名库，提高系统的检测和防御能力。还应加强对系统的培训和技术支持，提高管理员对系统的使用和操作水平，确保系统的正常运行和安全管理。

IDS/IPS 系统是电子商务物流中重要的数据安全管理工具之一。通过及时发现和警示安全威胁、实施实时的入侵防御和攻击阻断、实现安全日志记录和事件分析、提供定制化的安全策略和定期的安全检查等方式，可以有效保护电子商务物流系统中的数据安全，防范各种网络入侵和安全威胁，保障系统的安全稳定运行。

二、电子商务物流中的隐私保护策略

（一）制定与更新隐私政策

在电子商务物流中，隐私保护策略是保护用户个人信息安全和隐私的重要举措之一。

制定与更新隐私政策是保护用户个人信息安全的基础。隐私政策是指企业对用户个人信息的收集、使用、存储和保护等方面的规定和承诺。企业应制定明确的隐私政策，明确规定个人信息的收集和使用范围、目的和方式，保障用户个人信息的合法、正当和安全处理。随着法律法规和市场环境的变化，企业应定期对隐私政策进行更新和调整，确保隐私政策的及时性和有效性，保护用户个人信息的安全和隐私。

加强个人信息的合法、正当和安全处理是保护用户个人信息安全的关键。企业应遵守相关法律法规和行业标准，严格遵守隐私政策的规定，合法、正当地收集和使用用户个人信息，不得违反用户的意愿和利益，不得将用户个人信息用于非法或不当目的。企业应建立完善的个人信息保护制度和安全管理体系，加强对个人信息的安全保护，采取必要的技术和管理措施，防止个人信息泄露、篡改、丢失等安全风险。

加强用户个人信息的保密和安全传输是保护用户个人信息安全的重要手段。企业应采取加密技术和安全传输协议，保障用户个人信息在传输过程中的安全性和完整性，防止数据在传输过程中被截获或篡改，保护用户个人信息的保密性和安全性。企业应加强对用户个人信息的访问控制，限制只有授权人员才能够访问和处理个人信息，防止个人信息被非法获取或滥用。

加强用户个人信息的风险评估和应急响应是保护用户个人信息安全的重要措施之一。企业应定期对个人信息安全风险进行评估和分析，发现和排查潜在的安全风险和问题，及时采取措施加以解决和应对。建立健全的个人信息安全事件应急响应机制，指导企业在发生个人信息安全事件时的应急处理措施，及时向用户通报事件的情况和处理结果，最大程度地减少个人信息安全事件对用户的影响。

制定与更新隐私政策、加强个人信息的合法、正当和安全处理、加强用户个人信息的保密和安全传输、加强用户个人信息的风险评估和应急响应等措施是保护用户个人信息安全的重要举措，在电子商务物流中具有重要意义。企业应积极加强对用户个人信息安全的保护，维护用户的合法权益，促进电子商务物流的健康发展。

（二）数据访问权限与控制

1. 用户身份验证与访问控制策略

电子商务物流中的隐私保护策略是确保用户数据安全和隐私保密的重要手段之一，而用户身份验证与访问控制策略是保护用户隐私的关键措施之一。

用户身份验证是保护用户隐私的第一道防线。通过有效的身份验证机制，可以确保只有经过授权的用户才能访问系统，防止未经授权的访问和数据泄露。常见的身份验证方式包括密码、指纹、生物识别等。物流企业可以根据实际情况选择合适的身份验证方式，并建立健全的用户注册和认证机制，确保用户身份的真实性和可信度，提高系统的安全性和稳定性。

访问控制策略是保护用户隐私的重要手段之一。通过访问控制策略，可以对用户的访问权限进行精细化控制，确保用户只能访问其所需的数据和资源，防止用户滥用权限或访问未授权的数据。物流企业可以采用基于角色的访问控制（RBAC）或基于策略的访问控制（ABAC）等方式，根据用户角色和权限设置不同的访问策略和权限规则，实现对用户访问行为的有效监控和管控。

加强用户数据的加密和安全存储也是保护用户隐私的重要手段之一。通过采用强加密算法对用户数据进行加密处理，可以有效防止数据泄露和窃取。物流企业还应建立健全的数据安全管理制度，确保用户数据的安全存储和合规使用，避免数据被恶意篡改或泄漏，保护用户的隐私权益。

加强用户数据的监控和审计也是保护用户隐私的重要手段之一。通过建立健全的监控和审计机制，可以及时发现并阻止潜在的安全威胁和风险，保护用户数据的安全性和完整性。物流企业可以利用安全信息与事件管理（SIEM）系统等工具，对用户访问行为进行实时监控和审计，及时发现异常行为并采取相应的应对措施，提高系统的安全性和稳定性。

用户身份验证与访问控制策略是电子商务物流中保护用户隐私的重要手段之一。通过有效的身份验证和访问控制机制，加强用户数据的加密和安全存储，建立健全的监控和审计机制，可以有效保护用户隐私，提高系统的安全性和稳定性，增强用户信任度和满意度。

2. 数据最小化原则与权限管理

电子商务物流中的隐私保护是至关重要的，而数据最小化原则与权限管理是一种有效的隐私保护策略。数据最小化原则指的是在数据处理过程中，仅收集、使用和存储必要的最小量的数据，以减少潜在的隐私风险。权限管理则是指通过设定访问权限和控制策略，限制用户对数据的访问和使用权限，确保只有经过授权的用户才能访问敏感数据。

数据最小化原则强调了对个人数据的精准收集和使用。企业在收集和处理个人数据时，应严格遵守数据最小化原则，仅收集与实现特定业务目的相关的必要数据，避免收集过多的个人信息，减少数据泄露和滥用的风险。在电子商务物流系统中，企业仅收集客户下单所需的必要信息，如姓名、地址、联系方式等，而不收集与配送无关的个人敏感信息，如银行账号、身份证号等。

权限管理可以有效控制用户对个人数据的访问和使用权限。企业应建立严格的权限管理机制，根据用户的身份和工作职责设置不同的访问权限和控制策略，确保只有经过授权的用户才能访问和使用敏感数据。企业可以设定不同级别的用户角色，如管理员、操作员、普通用户等，为每个角色分配不同的权限，限制其对数据的访问和操作范围，防止未经授权的用户滥用数据或泄露数据。

数据最小化原则和权限管理还可以提高数据安全性和隐私保护水平。通过减少数据的收集和使用范围，降低了数据泄露和滥用的风险；通过严格控制用户的访问权限和操作权限，减少了未经授权的数据访问和使用，防止了数据被非法获取或篡改的可能。这样可以有效保护个人数据的隐私和安全，提高客户对企业的信任度和满意度。

企业还应加强对数据处理过程的监控和审查，确保数据处理活动符合数据最小化原则和权限管理要求。企业可以建立数据监控和审计机制，定期对数据处理活动进行检查和审计，发现和纠正数据处理过程中的违规行为和安全风险，保障个人数据的隐私和安全。

企业还应加强对员工的培训和意识教育，提高其对数据隐私保护的重视程度和合规意识。通过开展相关培训和教育活动，使员工了解和掌握数据最小化原则和权限管理的重要性，加强对个人数据隐私保护的认识，避免因人为失误或疏忽而导致的数据泄露和滥用问题。

数据最小化原则与权限管理是电子商务物流中有效的隐私保护策略。通过严格遵守数据最小化原则，减少个人数据的收集和使用范围；通过实施严格的权限管理，限制用户对数据的访问和使用权限，可以有效保护个人数据的隐私和安全，提高数据处理活动的合规性和安全性。

3. 数据使用审计与监控机制

在电子商务物流中，隐私保护策略是确保用户个人信息安全的重要措施之一。

建立数据使用审计与监控机制是保护用户隐私的重要举措之一。通过建立数据使用审计和监控机制，对企业的数据处理行为进行全面监控和审计，确保数据的合法、正当和安全使用。审计和监控机制可以记录数据的访问和使用情况，监控数据的流动和处理过程，及时发现并处理违规行为和安全风险，保护用户的隐私和数据安全。

加强对数据使用权限的管理是保护用户隐私的关键。企业应建立完善的数据使用权限管理制度和流程，明确规定数据的访问和使用权限，限制只有授权人员才能够访问和处理数据，防止未经授权的访问和滥用。加强对数据使用权限的监控和审查，及时发现并处理未经授权的访问行为，保护用户的隐私和数据安全。

加强对数据使用目的的限制是保护用户隐私的重要手段之一。企业应明确规定数据的使用目的，合理、必要地收集和使用用户个人信息，不得违反用户的意愿和利益，不得将用户个人信息用于非法或不当目的。加强对数据使用目的的监控和审查，确保数据的使用符合法律法规和隐私政策的规定，保护用户的隐私和数据安全。

加强对数据使用过程的监控和控制是保护用户隐私的重要手段之一。企业应采取必要的技术和管理措施，对数据使用过程进行监控和控制，防止数据的滥用和泄漏。通过建立数据使用日志和审计系统，记录数据的访问和使用情况，及时发现并处理异常行为和安全风险，保护用户的隐私和数据安全。

建立数据使用审计与监控机制、加强对数据使用权限的管理、加强对数据使用目的的限制和加强对数据使用过程的监控和控制等措施是保护用户隐私的重要举措，在电子商务物流中具有重要意义。企业应积极加强对用户隐私的保护，保护用户的合法权益，促进电子商务物流的健康发展。

第四节　应对供应链风险的最佳实践

一、电子商务物流中的供应链风险识别与评估

（一）供应链风险识别方法

1. 风险事件识别与分类

在电子商务物流中，供应链风险识别与评估是确保物流运作安全的重要环节之一。

风险事件识别与分类是供应链风险识别与评估的关键步骤之一。通过对供应链中可能出现的各种风险事件进行识别和分类,包括自然灾害、供应商破产、交通运输延误、市场需求变化等各种类型的风险事件。对风险事件进行分类可以帮助企业全面了解供应链中存在的潜在风险,为后续的风险评估和应对措施提供参考依据。

建立风险评估模型是供应链风险识别与评估的重要手段之一。通过建立科学合理的风险评估模型,对供应链中各种风险事件进行量化评估和分析,确定风险的可能性和影响程度。常用的风险评估方法包括事件树分析、故障树分析、风险矩阵分析等,通过这些方法可以全面评估供应链中的各种风险事件,为制定有效的应对策略提供科学依据。

加强对关键风险事件的监测和预警是供应链风险识别与评估的重要措施之一。通过建立有效的监测和预警系统,及时发现并跟踪供应链中可能出现的关键风险事件,预测风险事件的发生概率和可能影响范围,为企业采取及时有效的应对措施提供预警和参考依据。常用的监测和预警方法包括定期巡检、实时监控、数据分析等,通过这些方法可以及时发现并应对供应链中的各种潜在风险,确保供应链的安全稳定运作。

建立应对风险事件的应急响应机制是供应链风险识别与评估的重要环节之一。通过建立完善的应急响应机制,明确规定各种风险事件发生时的应对流程和责任分工,及时组织应急处置工作,最大程度地减少风险事件对供应链的影响。应急响应机制包括预案制定、人员培训、资源准备等各种措施,通过这些措施可以提高供应链对风险事件的应对能力,保障供应链的安全稳定运作。

风险事件识别与分类、建立风险评估模型、加强监测与预警、建立应急响应机制等措施是供应链风险识别与评估的重要环节,对于保障电子商务物流供应链的安全稳定运作具有重要意义。企业应积极采取措施,加强供应链风险识别与评估工作,提高供应链的应对能力和风险管理水平。

2. 供应链风险因素分析

电子商务物流中的供应链风险识别与评估是确保供应链稳定运行的关键环节。供应链风险因素的分析是识别和评估供应链中潜在风险的重要步骤。

供应链风险因素可以分为内部和外部两大类。内部风险因素包括供应商问题、生产过程问题、物流运输问题等,这些问题可能由于供应商质量问题、生产设备故障、运输延误等原因导致供应链中断或延误。外部风险因素包括市场变化、自然灾害、政策法规变化等,这些因素可能导致供应链中断或受阻,影响物流运输和交付时间。

对供应链风险因素进行识别与评估需要采取系统化的方法。可以通过供应链风险地图的绘制,对供应链中各个环节可能存在的风险进行全面分析和识别。可以利用专业的风险评估工具和方法,对各类风险因素进行定量和定性评估,确定其影响程度和概率,并制定相应的应对措施和预案。

建立供应链风险管理体系是有效识别与评估供应链风险的重要手段之一。通过建立健全的风险管理流程和机制,明确风险管理责任和权限,确保风险管理工作的有效开展。可以建立风险识别与评估的标准化和规范化模板，指导供应链管理人员对风险因素进行全面评估和分析。

利用信息技术工具和大数据分析技术也可以有效识别和评估供应链风险。通过建立物流信息系统和数据分析平台，实现对供应链数据的实时监控和分析，及时发现并预警潜在的风险。可以利用大数据分析技术对供应链数据进行深度挖掘，发现潜在的风险因素和趋势，为供应链风险的识别与评估提供科学依据和决策支持。

电子商务物流中的供应链风险识别与评估是确保供应链稳定运行的关键环节。通过对供应链内部和外部风险因素的全面分析和识别，采取系统化的评估方法和工具，建立健全的风险管理体系，利用信息技术工具和大数据分析技术，可以有效识别和评估供应链中的潜在风险，为供应链管理决策提供科学依据和支持。

（二）供应链风险评估工具

1. 风险评估矩阵

电子商务物流中的供应链风险识别与评估是确保供应链稳定运行和风险管理的关键环节。风险评估矩阵是一种常用的工具，用于系统地识别和评估供应链中的各种风险，并根据其影响程度和概率制定相应的风险应对策略。

供应链风险识别是风险评估的起点。企业应对供应链中的各个环节进行全面的风险识别，包括供应商风险、物流运输风险、库存管理风险、市场需求风险等。通过分析和评估各个环节可能面临的风险来源和潜在影响，可以全面了解供应链中存在的潜在风险。

利用风险评估矩阵对识别的风险进行评估和分类。风险评估矩阵通常由风险影响度和发生概率两个维度构成。风险影响度可根据风险事件对供应链的潜在影响程度进行评估，如影响到供应能力、产品质量、客户满意度等；发生概率则评估风险事件发生的可能性，如供应商倒闭、自然灾害、市场需求变化等。通过将风险事件按照影响度和发生概率进行分类和排序，可以确定哪些风险更为重要和紧急，有助于优先制定相应的风险应对策略。

风险评估矩阵还可以帮助企业量化风险，并制定相应的风险管理策略。通过对风险事件的影响程度和发生概率进行评估，可以计算出每个风险事件的风险值，即风险等级。根据风险等级的高低，可以确定哪些风险需要优先处理和应对，制定相应的风险管理策略。对于高风险事件，企业可以采取积极的风险应对措施，如建立备份供应商、加强库存管理、提前预警和应急响应等；对于低风险事件，则可以采取适当的监控和控制措施，确保风险不会对供应链造成严重影响。

风险评估矩阵的持续更新和改进对于风险管理至关重要。供应链环境的变化可能导致原有的风险评估失效，因此，企业需要定期对风险评估矩阵进行更新和改进，及时调整风险评估模型和参数，以确保其准确性和有效性。还应加强对风险管理过程的监控和评估，及时发现和应对新的风险和变化，提高供应链的应变能力和抗风险能力。

风险评估矩阵是电子商务物流中供应链风险识别与评估的重要工具。通过对供应链中的各个环节进行全面的风险识别和评估，利用风险评估矩阵对风险进行量化和分类，制定相应的风险管理策略,并定期更新和改进风险评估矩阵,可以帮助企业全面了解供应链中存在的风险,并有效应对和降低各种风险的影响,保障供应链的稳定运行和业务发展。

2. 供应链风险指标体系

在电子商务物流中,建立供应链风险指标体系是供应链风险识别与评估的重要步骤之一。

供应链风险指标体系应该包括多个方面的指标,以全面、系统地评估供应链中存在的各种风险。这些指标可以分为供应商风险、需求风险、库存风险、运输风险、市场风险等多个方面。供应商风险指标可以包括供应商信用评级、供应商地理位置、供应商稳定性等;需求风险指标可以包括市场需求变化、产品销售季节性等;库存风险指标可以包括库存周转率、库存寿命等;运输风险指标可以包括运输延迟率、货物损坏率等;市场风险指标可以包括竞争对手动态、行业政策变化等。

建立供应链风险指标体系需要根据企业的实际情况和行业特点进行定制化设计。不同的企业和行业可能面临的风险不同,因此需要根据企业自身的情况和行业特点来确定适合的风险指标。通过深入了解企业的供应链运作情况、行业竞争环境和市场需求特点,可以确定适合的风险指标,并建立相应的评估体系。

建立供应链风险指标体系需要考虑指标之间的关联性和综合性。供应链中各个环节之间存在着相互关联和影响,因此建立的风险指标体系应该考虑到各个指标之间的关联性,综合考虑各个方面的风险,以全面评估供应链的风险情况。建立综合评估模型,对各个指标进行加权计算,得出综合评分,进一步提高风险评估的准确性和可靠性。

建立供应链风险指标体系需要定期更新和优化。随着企业经营环境的变化和市场需求的变化,供应链中可能出现新的风险,原有的风险指标体系可能需要进行调整和优化。因此,企业应定期对供应链风险指标体系进行评估和调整,根据实际情况和市场变化进行相应的更新和优化,保持风险评估的及时性和有效性。

建立供应链风险指标体系是电子商务物流中供应链风险识别与评估的重要环节,通过全面、系统地评估供应链中存在的各种风险,可以帮助企业及时发现并应对潜在的风险,保障供应链的安全稳定运作。企业应根据实际情况和行业特点,定制化设计供应链风险指标体系,并定期更新和优化,提高供应链的风险管理水平。

二、电子商务物流中的供应链风险应对策略与措施

(一) 风险规避与转移策略

电子商务物流中的供应链风险应对策略与措施是确保供应链稳定运行的关键环节。

风险规避是应对供应链风险的一种常见策略。通过识别和评估潜在的风险因素,物流企业可以采取相应的措施和策略,尽量避免风险的发生。通过多样化供应商和供应渠道,降低对单一供应商的依赖,分散风险,避免供应中断或延误;通过建立紧密的合作关系和供应链伙伴关系,共同应对风险,提高供应链的灵活性和应变能力。

风险转移是另一种应对供应链风险的重要策略。物流企业可以通过购买保险或签订合同等方式,将一部分风险转移给保险公司或合作伙伴,减轻自身承担的风险压力。可以购买供应链中断保险或运输风险保险,以应对自然灾害、交通事故等突发事件导致的供应链中断或货物损失;可以签订合同规定供应商应对潜在风险的责任和赔偿方式,确保在风险发生时能够及时得到补偿和赔偿。

建立应急预案和危机管理机制也是应对供应链风险的重要措施之一。物流企业可以根据风险评估的结果,制定相应的应急预案和危机管理计划,明确风险应对的流程和措施,提前准备应对可能发生的突发事件和危机情况,保障供应链的稳定运行。可以建立紧急联系人和应急物资储备库,提前安排好应急运输通道,确保在突发事件发生时能够及时采取应对措施,保障供应链的连续性和稳定性。

加强信息技术支持和数据安全管理也是应对供应链风险的关键措施之一。通过建立健全的信息系统和数据安全管理体系,物流企业可以实现对供应链数据的实时监控和分析,及时发现并预警潜在的风险。可以采用物联网技术和大数据分析技术,提高对供应链数据的敏感性和可视化程度,为风险识别和应对提供科学依据和决策支持。

电子商务物流中的供应链风险应对策略与措施包括风险规避、风险转移、建立应急预案和危机管理机制、加强信息技术支持和数据安全管理等方面。通过采取多种手段和措施,物流企业可以有效应对供应链中的各类风险,提高供应链的稳定性和可靠性,保障物流系统的正常运行。

(二) 风险缓解与应对策略

1. 供应链弹性设计

电子商务物流中的供应链面临着各种风险,如市场需求波动、供应中断、物流延迟等,因此,供应链弹性设计是一种重要的应对策略。供应链弹性设计旨在提高供应链系统的灵活性和适应能力,以应对各种突发事件和不确定性因素。

供应链弹性设计需要建立多元化的供应网络。企业应与多个供应商建立合作关系,分散风险,减少对单一供应商的依赖。通过建立多元化的供应网络,企业可以灵活调整供应链资源,应对突发事件和供应中断,确保供应链的连续性和稳定性。

供应链弹性设计需要建立灵活的生产和库存管理机制。企业应根据市场需求的变化和供应链风险的变动,灵活调整生产计划和库存水平,避免过度积压和不足的库存,确保及时满足客户需求。采用先进的技术和工具,实现供应链的实时监控和预警,及时发现和应对潜在的供应链风险。

供应链弹性设计需要建立合理的供应链金融支持体系。企业应与金融机构建立合作关系,获得灵活的融资支持,确保资金流动和供应链运作的稳定性。建立供应链应急资金池,为应对突发事件和供应链中断提供资金支持,保障供应链的持续运作。

供应链弹性设计还需要加强对供应链伙伴的管理和合作。企业应与供应链伙伴建立密切的合作关系,加强沟通和信息共享,共同应对供应链风险和挑战。通过建立互信互利的合作关系，提高供应链伙伴的责任感和参与度，共同维护供应链的稳定和安全。

供应链弹性设计需要建立应急响应机制。企业应制定完善的供应链应急预案和应急响应计划，明确应对突发事件和供应链中断的应急措施和责任分工。定期组织应急演练和模拟演练，提高应急响应能力和处置效率，确保供应链的快速恢复和稳定运行。

供应链弹性设计是电子商务物流中应对供应链风险的重要策略之一。通过建立多元化的供应网络、灵活的生产和库存管理机制、合理的供应链金融支持体系、加强对供应链伙伴的管理和合作、建立应急响应机制等方式，可以提高供应链系统的灵活性和适应能力，应对各种突发事件和不确定性因素，保障供应链的稳定和持续运行。

2. 灾害应急预案制定

在电子商务物流中，制定供应链风险应对策略与措施至关重要，其中灾害应急预案的制定是应对供应链风险的重要组成部分之一。

对于自然灾害等突发事件，企业应建立完善的灾害应急预案。该预案应包括对各种可能发生的自然灾害进行全面评估，如地震、洪水、暴雨等，明确应对措施和责任分工。建立应急响应团队，明确人员职责，确保在发生突发事件时能够及时启动应急预案，迅速采取应对措施，保障供应链的正常运作。

加强对供应链关键节点的监测和预警是应对供应链风险的重要措施之一。通过建立监测系统，实时监测供应链中各个关键节点的运作情况，及时发现并预警潜在的风险。建立实时监测系统，监测供应链中各个节点的运输状况、库存情况等，发现异常情况时及时采取措施，防止风险事件进一步扩大。

建立多元化的供应链网络是应对供应链风险的重要策略之一。企业应建立多个供应商和物流合作伙伴，分散风险，降低单一供应商或物流通路带来的风险。建立多个物流配送中心，分散库存，降低物流运输延误的风险；建立多个供应商合作伙伴，保证物料供应的稳定性和连续性。

加强供应链信息技术系统的建设和应用是应对供应链风险的重要手段之一。通过建立先进的信息技术系统，实现供应链信息的全面共享和实时监控，提高供应链的反应速度和灵活性。建立供应链管理系统，实现供应链信息的统一管理和协同，提高供应链的运作效率和灵活性，降低风险发生的概率和影响。

加强供应链风险应对能力建设是确保供应链安全稳定运作的关键。企业应加强对员工的培训和教育，提高员工的应急响应能力和风险识别能力，确保在发生风险事件时能够及时应对。加强对供应链合作伙伴的管理和监督，建立健全的合作伙伴评估机制，确保供应链合作伙伴的稳定性和可靠性，降低供应链风险。

制定灾害应急预案、加强关键节点的监测和预警、建立多元化的供应链网络、加强信息技术系统建设和应用、加强供应链风险应对能力建设等措施是应对电子商务物流中供应链风险的重要策略与措施。企业应根据自身情况和实际需求，采取相应的措施，提高供应链风险管理水平，确保供应链的安全稳定运作。

参考文献

[1] 张红梅. 电子商务环境下物流供应链管理优化策略 [J]. 中国航务周刊, 2024 (06): 62-64.

[2] 党梦瑜. 电子商务环境下的农产品物流管理策略研究 [J]. 今日财富, 2024 (06): 23-25.

[3] 张艳丽. 关于电子商务环境下企业物流与供应链管理创新思考 [J]. 商场现代化, 2024 (02): 34-36.

[4] 李斐. 电子商务环境下企业物流与供应链管理优化路径 [J]. 全国流通经济, 2023 (23): 29-32.

[5] 刘丹. 电子商务环境下物流供应链管理优化策略 [J]. 时代经贸, 2023, 20 (10): 44-46.

[6] 孙晓冬. 广西跨境电商供应链管理现状研究 [J]. 现代商业, 2023 (20): 19-22.

[7] 周见涵. 电子商务视角下的供应链及物流配送管理分析 [J]. 中国航务周刊, 2023 (41): 57-59.

[8] 王星, 常飞. 电子商务环境下企业物流与供应链管理创新研究 [J]. 中国物流与采购, 2023 (19): 83-84.

[9] 朱恒志. 电子商务环境下企业物流与供应链管理创新分析 [J]. 中国储运, 2023 (10): 188-189.

[10] 薛卓之, 张茹. 跨境电子商务视角下的国际物流供应链管理模式构建 [J]. 全国流通经济, 2023 (18): 72-75.

[11] 杨轶. 基于电子商务环境的供应链物流管理与配送探析 [J]. 物流工程与管理, 2023, 45 (08): 106-108.

[12] 赖小馨. 电子商务中的物流与供应链管理优化探析 [J]. 营销界, 2023 (15): 80-82.

[13] 李贞. 试论基于电子商务环境下企业物流与供应链管理的优化 [J]. 时代金融, 2023 (08): 59-61.

[14] 陈伟. 物流及供应链管理系统在电子商务中的应用 [J]. 中国港口, 2023 (07): 53-57.

[15] 曲晶. 电子商务背景下企业物流与供应链的管理创新 [J]. 现代商业, 2023 (13): 11-14.

[16] 黎曼. 电子商务视角下的供应链管理与物流配送管理分析 [J]. 老字号品牌营销, 2023 (12): 52-54.

[17] 唐苏辉, 李兴岚, 陈艺坤. 电子商务环境下企业物流与供应链管理的创新模式研究 [J]. 中国物流与采购, 2023 (10): 75-76.

[18] 贺琳. 基于电子商务环境的供应链物流管理与配送分析 [J]. 物流科技, 2023, 46 (08): 94-96+104.

[19] 徐永乐. 物流空间重组的探究: 供应链管理、电子商务、土地利用 [J]. 物流科技, 2022, 45 (16): 128-130.

[20] 赵亚杰, 丁立强. 港珠澳协同背景下跨境电商物流国际竞争力提升路径研究——基于模糊层次分析法 [J]. 中国商论, 2024 (04): 100-104.